El Salvador: La traición del Frente Farabundo Martí para la Liberación Nacional (FMLN)

La experiencia de la historia contemporánea ha demostrado la desorganización social en la llamada "democracia" del sistema capitalista. El "gobierno del pueblo" es un engaño; la decisión del pueblo no prevalece. Asimismo, es patraña decir que los ciudadanos son personas libres e iguales. En la democracia burguesa, la justicia social es un fraude; cualquier otro derecho de justicia penal, laboral, civil, comercial, constitucional o internacional es un privilegio exclusivo de los ricos, los políticos, los militares y las iglesias. Todas las castas de la sociedad capitalista son sanguijuelas que obtienen el recurso económico y se lucran comprando voluntad y sentimiento. Igualmente gozan de lujo y derroche como un derecho consuetudinario otorgado por el robo de la plusvalía.

—Armando A. Molina

El autor en la oficina de Industrias Lácteas ALFA en San Salvador, El Salvador, circa 1966.

Armando A. Molina

El Salvador: La traición del Frente Farabundo Martí para la Liberación Nacional (FMLN)

&

Notas para la autobiografía de un desconocido

El Salvador: La traición del Frente Farabundo Martí para la Liberación Nacional (FMLN) & Notas para la autobiografía de un desconocido

Derechos de autor © 2014 por Armando A. Molina

Primera Edición: 2014

ISBN-13: 978-1502371577

ISBN-10: 150237157X

Este libro fue impreso en los Estados Unidos de América en octubre del año del pensamiento sin aliento divino 2014.

La imagen en la portada es un colage creado por Humberto Gómez Sequeira-HuGóS. La imagen en el fondo del colage es de algunas de las víctimas de la masacre ordenada por "Las 14 Familias" burguesas de El Salvador en 1932. La imagen en el primer plano es de Salvador Sánchez Cerén y John Forbes Kerry sellando el pacto del FMLN con el Imperio Yanqui.

Dedicatoria

A mi mentor, Jorge Alberto López, obrero de la industria del calzado, sindicalista y político salvadoreño.

A Emma Guadalupe Carpio por una amistad imperecedera.

A Rosa Amalia Molina, mi madre.

A Jennifer Alejandra Molina, mi hija.

Reconocimiento

Humberto Gómez Sequeira-HuGóS por su aporte intelectual y crítica de mi obra.

Contenido

Apéndices

Prefacio

El Salvador: La traición del Frente Farabundo Martí para la Liberación Nacional (FMLN) es mi crítica de este partido político sostenido por proletarios cuya dirección es una casta pequeña burguesa corrupta que explota su sufrimiento mientras maneja el poder público para su beneficio.

La cúpula del FMLN dio una demostración pública de su carácter aliándose con Elías Antonio Saca González para competir por la presidencia del Estado en las elecciones de 2014. En base a dicha alianza, Saca González se comprometió a participar en dichas elecciones como candidato de la coalición política UNIDAD con el objetivo de contrarrestar al candidato de Alianza Republicana Nacionalista (ARENA) y así incrementar la posibilidad de la victoria del candidato del FMLN. Por su parte, los cabecillas efemelenistas se comprometieron a no elevar cargos en contra de su aliado. El mencionado ex-presidente de El Salvador fue expulsado de su partido, ARENA, bajo la acusación de corrupción durante su término presidencial. Según el reporte del periódico salvadoreño El Faro, Saca González como presidente incrementó su riqueza personal de 1/2 millón de dólares a más de 10.5 millones de dólares. El FMLN ganó las elecciones presidenciales con el mismo método que usó para negociar su ambición de poder con la burguesía en 1992: la deshonestidad.

Consecuentes con su programa de colaboración con la burguesía, los líderes del FMLN se han convertido en discípulos del evangelio antirrevolucionario predicado por los líderes aburguesados de la Internacional Socialista (IS). Ésta es el padrino de los partidos corruptos del "ala izquierda" como el Frente Sandinista de Liberación Nacional (FSLN) o "centro izquierda" como el Partido Revolucionario Institucional (PRI). La IS y sus socios son una corporación de parásitos sociales —disfrazados de redentores del proletariado— que viven del tráfico de la sangre proletaria que es la fuente de la plusvalía que la burguesía necesita para alimentar su avaricia y mantener su dominio. La corrupción de los líderes del FMLN que ahora administran el Estado burgués y viven del erario es consecuencia de la falta de honradez en su conciencia como el principio innegociable, regidor de su conducta. Su modo de pensar, militar y antidialéctico, contradice la realidad que produce la lucha de clases en el mundo: la burguesía se niega a "democratizar" su conciencia de clase y régimen de esclavitud en beneficio de sus esclavos. En vez de hacer lo que sus acólitos pequeños burgueses le aconsejan, la burguesía continúa destruyendo al proletariado y la Tierra.

La burguesía ha demostrado la verdad de su condición de animal predador de su misma especie a través de su historia de guerra de defensa de su dominio masacrando al proletariado. Entonces, la alianza de la cúpula del FMLN con los explotadores del proletariado —la burguesía, los usureros imperialistas, la pseudo-izquierda internacional y la reaccionaria Iglesia Católica Colonialista— sólo puede ser explicada como una consecuencia de su deseo de aburguesarse adoptando la ideología y estilo de vida romana opulenta, brutal y estéril de la burguesía.

Armando A, Molina

Primera Parte

El Salvador: La traición del Frente Farabundo Martí para la Liberación Nacional (FMLN)

Introducción

Cuando me encontraba en los Estados Unidos de América (EUA), en 1982, la guerra que la burguesía salvadoreña hacía —con la ayuda del Imperio Yanqui y la Santa Sede— en contra del Frente Farabundo Martí para la Liberación Nacional (FMLN) y quienquiera que marcaba como su enemigo de clase, se conocía en todo el mundo. La prensa escrita, radio y televisión informaban los resultados dolorosos de las matanzas que ejecutaban los escuadrones de la muerte del Estado católico casi a diario. Aún aquel trabajador atrasado, que solo entendía y hablaba de fútbol, en algún momento dado, preguntaba: "oye paisa, ¿qué chingados pasa en tu país?" Responderle era una obligación revolucionaria. En esa época se manejaban dos respuestas: la reaccionaria, controlada por el Gobierno de los EUA y sus lacayos en el Gobierno de El Salvador, y la divulgada por el FMLN y sus secuaces. La explicación tenía que ser científica, marxista-leninista, para contrarrestar el punto de vista de los enemigos del proletariado, es decir, la burguesía y el FMLN.

La propaganda internacional que hacía el FMLN —a favor de su política de negociación con la burguesía— era muy fuerte y su carisma guerrillero seducía a la pequeña burguesía intelectual —reformistas y oportunistas de "izquierda"— a colaborar con él. En esas circunstancias, hacer un planteamiento marxista acerca de la lucha de clases en El Salvador y defenderlo constituía una proeza porque los militantes del FMLN recurrían a los golpes cuando no podían sostenerse y aceptar su derrota en el debate político.

El FMLN incitaba al proletariado a integrarse a sus filas para hacer la guerra de defensa de sus vidas contra el ejército de su clase enemiga, la burguesía, al mismo tiempo que le proponía un acuerdo de paz para la formación de un "gobierno de amplia participación". A pesar de la oferta del FMLN, la burguesía y el Imperio Yanqui respondieron incrementando las matanzas. Una de ellas es la de El Calabozo que el Batallón Atlacatl del ejército de la burguesía realizó, en Agosto de 1982 —asesinando, aproximadamente, a 200 personas—, como parte de la "Operación Tierra Quemada".

La política practicada por el FMLN de guerrear para negociar un acuerdo con la burguesía para participar en la administración del Estado y del disfrute de su usufructo, hacía necesaria su denuncia ante el proletariado mundial como una táctica para evitar que el proletariado convirtiera la guerra en una revolución social.

Por esos días, publicar esta crítica solo era una quimera por mi falta de preparación académica. Esta condición es producto de la opresión que la burguesía como clase parasitaria ejerce sobre el cerebro del proletariado y determina el límite de su actividad intelectual. Como proletario, yo decidí demostrar que el raciocinio de que solo individuos con calidad literaria tienen la facultad intelectual de hacer un trabajo político es un prejuicio de clase y así reivindicar el derecho del proletariado a escribir su propio punto de vista acerca de cualquier cuestión que conlleve sus intereses como la clase productora de la riqueza que mantiene la vida e impulsa el progreso de la sociedad.

Durante el tiempo transcurrido desde 1982, me he superado a través de la lectura y la construcción de mi biblioteca de eventos históricos. También, vi como la firma de los autodesignados comandantes del FMLN en los Acuerdos de Paz de Chapultepec de 1992 comprobó que no estaba equivocado en mi opinión política de este partido cuando era una guerrilla. La decisión de los líderes del frente de negociar su admisión en el club de la fama y la fortuna de la burguesía llamado Asamblea Legislativa —usando la sangre de las personas que murieron creyendo en sus promesas como valor de cambio— reveló la corrupción que los estimuló a cometer traición. Asimismo, demostraron que no tenían una vena que los uniera al corazón del proletariado como su clase y marxismo como su ideología revolucionaria.

El marxismo como método para entender el capitalismo, la lucha de clases y la revolución social no es letra muerta.

Joaquín Villalobos (derecha) —ex-líder del Frente Farabundo Martí para la Liberación Nacional (FMLN) y acusado de asesinar a Roque Dalton García— entregando con entusiasmo a Carlos Salinas de Gortari, ex-encomendero de la burguesía y los usureros imperialistas, la AK-47 que le regaló Fidel Alejandro Castro Ruz. Villalobos se rindió ante su ídolo en la casa presidencial Los Pinos en México, D.F., en Abril de 1993.

1

Los enemigos del proletariado

El tema que trato aquí no es nuevo, sino que tan viejo como la lucha de las clases enemigas del proletariado —la burguesía y pequeña burguesía— para evitar que éste desarrolle su conciencia de clase y haga la revolución social. El marco histórico de esta lucha es el mismo de 1903 cuando los *mencheviques* del Partido Obrero Socialdemócrata Ruso (POSR) se convirtieron en enemigos del proletariado proponiendo que éste no debía de hacer la revolución social, sino que ayudar a la burguesía a realizar la democracia burguesa para beneficiarse de su fruto: el salario que lo mantiene en la esclavitud. Desde entonce, sus descendientes políticos de clase —los líderes del Frente Farabundo Martí para la Liberación Nacional-FMLN— se han dedicado a esa tarea antirrevolucionaria. Mientras tanto, la crisis del capitalismo continúa causando la muerte de millones de proletarios y la destrucción de la Tierra.

¿Cuál es la solución a esta crisis que continúa conteniendo el progreso de la humanidad: la reforma o la revolución? La liberación del proletariado y el progreso de la humanidad continúan dependiendo de la respuesta.

La respuesta de la burguesía es su lucha incesante, a sangre y fuego, para preservar su dominio absoluto de la sociedad empujando a la pequeña burguesía y el proletariado hacia la arena movediza de la miseria, imponiéndoles la austeridad y reprimiendo su reacción por medio del garrote y el fusil del Estado. Esta respuesta es también la de la Iglesia Católica Colonialista.

La respuesta de la pequeña burguesía es defender su propio interés de clase tratando de persuadir a la burguesía de que sienta compasión por ella y le ceda un poco de su poder para sobrevivir la crisis. Después que la burguesía la ha empujado a la bancarrota y garroteado, la pequeña burguesía se refugia en la lucha del proletariado porque no tiene la fuerza para luchar por sí misma contra la burguesía.

Los líderes pequeños burgueses —como lo hicieron los del FMLN— se proclaman "comandantes de la revolución" y se decoran con arengas "socialistas" sin extirpar de su conciencia su propio instinto de clase y ambición de poder. Esta es la razón por la que usaron la sangre de las personas que fueron asesinadas en la lucha contra la burguesía como su mérito para negociar sus puestos en la arena política de la lucha de clases controlada por el Estado. Amparados detrás de un velo "marxista" y apoyándose en la necesidad del proletariado de liberarse de la esclavitud que la burguesía y el clero le imponen, dichos dirigentes se convierten en los manipuladores de su mente, explotadores de su lucha y dueños de sus aspiraciones.

La pequeña burguesía ha demostrado con su conducta traicionera —a través de la historia de la lucha de clases— que su "defensa" del proletariado es una estratagema para usarlo como la carne de su cañón en su lucha contra la burguesía por realizar su propio interés de clase, es decir, la apropiación de la riqueza que el trabajo del proletariado produce. Los pequeños burgueses quieren apropiarse de una mayor cantidad de esta riqueza porque no quieren convertirse en proletarios. Al contrario, quieren mantener el capitalismo para seguir siendo una clase de pequeños explotadores que como la burguesía quieren vivir en la opulencia y el disfrute de la cultura que produce la esclavitud del proletariado.

La respuesta de la Internacional Socialista (IS) —que sirvió de consejero del FMLN durante su negociación del término de su rebelión contra la burguesía— a la crisis del capitalismo es ni reforma ni revolución, sino que colaboración con la burguesía para que ésta se engorde y esperar que la grasa de su gordura produzca el cacareado "bien común". Consecuentemente, el programa del FMLN es persuadir al proletariado para que continúe donando su sangre incondicionalmente para reanimar el cuerpo del capitalismo y así poder seguir teniendo esperanza en un futuro mejor.

Este es el compromiso histórico de los partidos miembros de la IS con la burguesía —la clase a la que admiran por su avaricia, brutalidad y estilo de vida patricia— y su misión sagrada: mantener al proletariado en un estado de ignorancia política de sí mismo como clase explotada; cansancio, hambre e intimidación para que no pueda sublevarse en contra de sus enemigos de "izquierda" y "derecha" y romper las cadenas de su esclavitud. Por tanto, acuso a los enemigos del proletariado —disfrazados de guerrilleros, estalinistas, socialdemócratas, curas, sindicalistas y pacifistas— que han hecho de la explotación del sufrimiento del proletariado su moneda de negociación de su ambición de ser encomenderos de la burguesía en el Estado.

La lucha del proletariado tiene sentido sólo si entiende que la raíz de la crisis de la humanidad que lo consume —la esclavitud, el desempleo, la miseria y la guerra— es la propiedad privada de los medios de producción —que es la base del poder de la burguesía— y el capitalismo. Los enemigos del proletariado no le dicen esta verdad; por el contrario, le mienten diciendo que la burguesía es una clase capaz de ser democrática y el capitalismo puede producir el "bien común", siempre y cuando el proletariado continúe donando su sangre para la producción de la plusvalía que la burguesía necesita para comprar su "levita democrática". Los proletarios que se afilian a un partido político cuyo programa es la colaboración con la burguesía renuncian a su interés de clase de tener su propio partido político y derecho de ser libres. Por consiguiente, se convierten en sus propios enemigos, guardianes de su esclavitud y sepultureros de sus cadáveres.

Los líderes del FMLN demostraron que son enemigos del proletariado por haberlo incitado a luchar por un ideal que usaron como su uniforme militar, o sea, para disfrazar su condición de impostores. Después que la burguesía decidió que el proletariado ya estaba suficientemente desangrado y aterrorizado, aceptó la oferta de sus parientes pequeños burgueses de negociar su participación en la contienda "democrática" por el poder del Estado. Con el proletariado en un estado de desangramiento, cansado y hambriento sus enemigos de clase se reconciliaron y abrazaron en un frente unido con el clero y el Fondo Monetario Internacional (FMI). Así, sus enemigos lo regresaron a los campos de concentración del capitalismo para mantenerlo subyugado —ahora por medio de las elecciones— a la deuda externa del Estado, ley de la propiedad privada de los medios de producción, la voluntad de Dios y el salario de su esclavitud.

Esta es mi contribución al proletariado para que conozca el carácter real, hipócrita y corruptible, de los dirigentes de organizaciones como las que conformaron al FMLN y que ahora son encomenderos de la burguesía en el Estado. En base a este conocimiento necesario de los enemigos de su clase, el proletariado debe de romper su relación con ellos completamente. Como esclavos libres de la burguesía, los proletarios no tienen nada que ganar trabajando para mantener a sus supervisores —la burocracia del FMLN— y su programa antirrevolucionario de colaboración con la burguesía. Consecuentemente, necesitan empezar a construir su propia conciencia de clase y partido político para dirigir su propia lucha con su propio programa político para hacer su propia revolución social.

2

La pequeña burguesía usa al proletariado como el chivo expiatorio de la burguesía

La historia de la lucha de la pequeña burguesía en contra de la burguesía enseña que ha usado al proletariado como el chivo expiatorio de la burguesía. La razón de este sacrificio es el interés de la pequeña burguesía de congraciarse con la burguesía con la esperanza de recibir a cambio los puestos de mando en la economía y política con los que pueda acumular la riqueza necesaria para vivir y dominar la vida social como lo hace la burguesía.

La pequeña burguesía se ha montado sobre la espalda del proletariado y con sus espuelas de oro controla su movimiento. Políticos pequeños burgueses y curas se han aliado en una santa cruzada para adoctrinar al proletariado con su viejo mensaje: sacrificaos por la burguesía y no os sublevéis puesto que vuestra recompensa está en el cielo.

Los líderes del FMLN son producto de la crisis de la pequeña burguesía que es causada por la crisis del capitalismo y la falta de un partido político capaz de resolverla con el poder del Estado. La burguesía reduce la distribución de la riqueza de la nación que el proletariado produce entre las demás clases sociales. El Estado impone la austeridad con el fusil y la ley del bozal para mantener la "paz" del hambre durante el período de la recuperación económica. La opresión, económica y política, que la burguesía ejerce, sin negociar condiciones, sobre la pequeña burguesía y el proletariado causa la lucha de estas clases para sobrevivir la crisis que carcome su existencia.

La pequeña burguesía reacciona a la crisis como "la clase más cercana a la burguesía" dentro de un sistema financiero que es un arma de asalto y desposeimiento controlado por los usureros más fuertes. Sus líderes políticos tratan de razonar con el gobierno burgués una solución justa y pacífica a la crisis, pero éste les cierra las puertas del Palacio de Gobierno y lanza a sus esbirros contra ellos para que repriman su instinto de defensa y paralicen su acción por medio del terror. Dado que no tienen la fuerza necesaria para enfrentar a la burguesía con sus demandas por sí mismos, tienen que aliarse con otras clases para luchar y salvaguardarse. Por consiguiente, se introducen en las organizaciones del proletariado —fingiendo ser sus aliados— para impulsar sus ambiciones a través de un programa pseudo revolucionario que algunos de ellos aprenden en la universidad.

Los partidos políticos pequeños burgueses que pretenden oponerse a la burguesía —con ideas cristianas y burguesas— se plantan en la cabeza del proletariado no por ser brillantes, sino porque el proletariado no los reconoce como sus enemigos de clase. Esta contradicción es producto de la falta de conciencia de clase, educación marxista y memoria de las derrotas sangrientas que el proletariado ha sufrido como producto de su relación con dichos partidos. Su experiencia con el FMLN le demuestra que sólo independizándose ideológicamente como clase social propia puede tener la libertad para unificarse como una sola clase; escribir su propio programa; construir su propio partido político; y hacer la revolución social. Los intermediarios de la IS no son ni pueden ser amigos del proletariado porque son apéndices de la conciencia brutal de la burguesía y el clero ni quieren vivir en una sociedad igualitaria. La pequeña burguesía no posee la independencia ideológica, el coraje, la determinación ni la libertad de los hábitos de la vida opulenta de la burguesía para poder dirigirlo exitosamente en la tarea de eliminar la sociedad de clases sin traicionarlo.

El porqué de la conducta ambivalente de los líderes pequeños burgueses que primero gritan "revolución o muerte" y después "queremos paz" —montados en los hombres del proletariado— es que son producto de una clase social inestable, sin un poder, económico o político, independiente de la burguesía. Su oposición a la burguesía está condicionada por su dependencia del poder de los dueños del capital y la tierra, y su deseo de compartirlo en mayor cantidad para vivir como parásitos burgueses, en la opulencia y esterilidad. Por consiguiente, la pequeña burguesía es incompatible con el proletariado porque éste no posee las propiedades que estimulan su ambición de clase.

A diferencia de la pequeña burguesía —cuyo interés de clase es ser miembro de la burguesía—, el proletariado es la clase esclava de la sociedad que produce la riqueza de la nación que la burguesía se apropia para alimentar su insaciable avaricia. Su relación con la burguesía es la del esclavo deshumanizado, desposeído y forzado por el hambre a vender su trabajo por un salario mínimo establecido por el Estado para mantener su esclavitud. El proletariado, por consiguiente, no tiene ningún interés en aburguesarse ayudando a su clase enemiga a salvar el capitalismo a costa de su propia sangre. El único interés racional y sano que los proletarios pueden tener en el capitalismo es su eliminación, quitando a la burguesía el poder del Estado con el que destruye a la humanidad y Tierra.

La lucha del proletariado es la oportunidad que los líderes pequeños burgueses aprovechan para usarlo como el chivo expiatorio de la burguesía. El objetivo de su participación no es estimular el desarrollo de la conciencia del proletariado de su lucha como el medio para obtener sus reivindicaciones y progresar. Su propósito es convertir al proletariado en una clase domesticada y devota que se confiesa antes de doblar su cabeza en el patíbulo de la burguesía. Esta es la base sobre la que negocian con el Estado su ambición de clase admiradora de la burguesía: su brutalidad, opulencia y esterilidad. Pero la burguesía nunca ha estado dispuesta a dejarse arrebatar la riqueza que ha extraído de la desposesión y explotación del trabajo del proletariado. El control sobre dicha riqueza y su distribución entre las clases sociales es el generador de la pugna entre los granujas de la pequeña burguesía y la burguesía.

Líderes pequeños burgueses también presiden el programa y actividad de guerrillas, organizaciones y partidos políticos sustentados por el proletariado en el mundo. Su misión es la misma del FMLN, o sea, usar la sangre del proletariado para negociar las condiciones de su admisión al club de la fama y la fortuna de la burguesía. Los políticos pequeños burgueses, guerrilleros o parlamentarios, ni siquiera llaman al proletariado a usar su fuerza para luchar por sus derechos democráticos reales. Dos ejemplos de estos derechos son: a) el derecho del proletariado de posesionarse de la parte de la riqueza que produce que necesita para vivir libre de la carencia controlada por la burguesía y b) la reforma del capitalismo de un sistema de producción de plusvalía para la burguesía a un sistema de producción de bienes sociales.

Además del FMLN, otra de las organizaciones —que revela el carácter de la pequeña burguesía y su uso del

proletariado como chivo expiatorio de la burguesía— es el
Congreso Nacional Africano (CNA) o African National
Congress (ANC). Uno de sus líderes, Nelson Rolihlahla
Mandela, fue encerrado en un calabozo por 27 años por orden
del gobierno que presidía el sistema racista de apartheid en
Sudáfrica. Después que fue liberado, como resultado de la
lucha del proletariado, Mandela se dedicó a negociar la "paz"
con los enemigos del proletariado. Por su ayuda a la burguesía
Afrikáner para que mantuviera su poder, Mandela y el
criminal racista Frederik Willem de Klerk, presidente de
Sudáfrica, fueron seleccionados por el Comité del Nobel, en
1993, como los ganadores del Premio Nobel de la Paz. La
burguesía los premió por ser sus singulares aliados en la lucha
para engañar y pacificar a las naciones indígenas —que la
burguesía Afrikáner deshumanizó, desposeyó, esclavizó y
segregó— y así evitar que hicieran la revolución social.

La falta de un partido político fiel a los principios
establecidos por el marxismo y la decisión del proletariado de
sacrificarse por el bien de sus enemigos —los usureros
imperialistas, la burguesía, la pequeña burguesía, la
burocracia, las fuerzas armadas y el clero— es la razón por la
que la pequeña burguesía ha sido capaz de convertir al
proletariado en el chivo expiatorio de la burguesía.

"Todos a exigir la negociación" fue el eslogan que el FMLN usó después de "¡Revolución o muerte!" para enfilar la lucha del proletariado hacia la negociación de su programa de colaboración con la burguesía para revivir el capitalismo en "paz".

3

Los acuerdos de "paz" para revivir el capitalismo

Los líderes del FMLN usan al proletariado como el chivo expiatorio de la burguesía. Su firma en los sangrientos Acuerdos de Paz de Chapultepec de 1992 es la prueba de esta verdad. Esta "paz" es producto de una guerra en la que el ejército de la burguesía —con la ayuda de la Casa Blanca y la Santa Sede— asesinó a miles de personas para defender su derecho sobre el país que sus antecesores se robaron y su dominio político. El derecho burgués sobre los medios de producción de la sociedad y la riqueza que el proletariado produce con su trabajo no fue alterado por dichos acuerdos. Al contrario, han sido útiles a la burguesía para confirmar su dominio y continuar explotando el trabajo del proletariado.

La burguesía decidió firmar dichos acuerdos con los autodesignados comandantes del FMLN porque ya había desangrado y aterrorizado al proletariado para contener su movimiento hacia la revolución y necesitaba empezar a reconstruir la estructura del sistema capitalista para continuar explotándolo y robándose la plusvalía. La oferta de "paz" que los líderes del FMLN hicieron a la burguesía fue una oportunidad que ésta aprovechó para enlazar al proletariado y empujarlo de regreso a los campos de explotación —fábricas, zonas francas, haciendas, iglesias, cantinas y prostíbulos— bajo la supervisión de sus nuevos pacificadores y evangelizadores efemelenistas. Los acuerdos son producto de la falta de voluntad de los cabecillas del FMLN de luchar contra la burguesía con un programa político honrado —enraizado en el proletariado y su necesidad de hacer la revolución social—para derrotar a la burguesía. Es mentira que dichos pactos representan la conclusión lógica de una guerra que no produjo vencedores o vencidos.

Impulsados por su ambición, la cúpula del FMLN firmó su acuerdo en no hacer una revolución como la condición de la burguesía para permitir su integración a la democracia burguesa y empezar a disfrutar de los frutos económicos de la "paz" como lo hace la burguesía. Esta "paz" es un negocio próspero para la burguesía y sus nuevos aliados de la "izquierda" en el Estado. Estos reciben los salarios y privilegios —sustentados por los proletarios tributarios— que no podían recibir cuando funcionaban como la "oposición armada" y que los establece como una casta política parasitaria que vive de la explotación de la mente y el trabajo del proletariado.

Los jefes militares del FMLN ayer llamaron al proletariado a sacrificarse por la "revolución". Hoy lo llaman a votar en las elecciones —controladas por la Constitución y las fuerzas armadas de la burguesía— para cultivar la sangrienta democracia burguesa. Esta "paz" no es paz, sino que un pacto entre los enemigos del proletariado para tratar dividirse la riqueza que produce en una forma más "justa". Las, aproximadamente, 75,000 personas que murieron en el escenario de la guerra de la burguesía son las víctimas de los líderes que ahora gozan de una "paz" que diseñaron de acuerdo a sus ambiciones políticas y económicas.

Estos acuerdos de "paz" son como un acuerdo entre el león y la hiena para que la hiena ayude al león a cazar su presa más eficientemente con la condición de que el león compartirá el cuerpo de su víctima con la hiena "justamente". Por consiguiente, dichos pactos conllevan el peligro mortal de que la burguesía, con la ayuda del FMLN, continuará consumiendo y reprimiendo al proletariado. Además, reprimen su conciencia y necesidad de liberarse de la influencia ideológica tóxica de la burguesía, la Iglesia y el FMLN para construir su propio partido político y continuar luchando independientemente contra la burguesía en su marcha permanente hacia la revolución social.

4

El FMLN reprime la conciencia de clase del proletariado

En 1980, los líderes del FMLN se proclamaron "marxistas-leninistas" con la misma conciencia con la que hoy funcionan como los *nuevos mencheviques* que administran el mismo Estado que la burguesía usó para hacer la guerra contra ellos, el proletariado y la oposición. Entonces, llamaron al proletariado a batallar contra el ejército de la burguesía para derrotarlo y después hacer la revolución socialista. Estos "marxistas arrepentidos" hoy se proclaman creyentes en la "socialdemocracia" en una tribuna de "izquierda" desde la que llaman al proletariado a votar en elecciones para cultivar la Constitución burguesa con la misma pasión con que lo llamaban a empuñar las armas.

El juego de escondite que los líderes del FMLN pretenden estar jugando con la burguesía —con distintas máscaras políticas— para que no vea su "verdadera identidad" es producto de su crisis de identidad ideológica que revelaron cuando se vestían de comandantes y decidieron convertirse en "negociadores de la paz" del capitalismo. Dicha crisis tiene su raíz en su condición de pequeños burgueses atrapados entre las dos clases que son las fuerzas de la ideología de clase en la sociedad: la burguesía y el proletariado.

Los *nuevos mencheviques* que dirigen al FMLN no tienen identidad ideológica propia. Su apariencia política emana del proletariado como la clase que adoptaron para usar su esclavitud como la justificación de su existencia como casta parasitaria de "izquierda". Como los curas, esta casta vive de la explotación de la mente del proletariado con falsedades y eslóganes como el de "Unámonos para crecer" que tratan de convertir en una política de gobierno en una sociedad dividida en clases donde la mayor parte de la riqueza se la roban los usureros imperialistas y la burguesía.

Además de ser los beneficiarios de su lucha y su cuota partidaria, los cabecillas del FMLN no tienen una conexión de conciencia de clase o ideológica con el proletariado como la clase esclava de la sociedad. Su conciencia es un colage hecho con el oportunismo político de la pequeña burguesía y la idea antirrevolucionaria de que el proletariado puede "crecer" unido con la burguesía. ¡Mentira! Si esto fuera posible, ¿por qué es que la burguesía no ha permitido —durante las décadas de su dominio— que el proletariado "crezca", en vez de masacrarlo cuando demanda sus derechos humanos sobre la riqueza que produce?

La conciencia de los miembros de la dirección del FMLN no es producto de su fusión con la conciencia del proletariado como la clase esclava que necesita liberarse haciendo la revolución para eliminar el capitalismo y empezar a construir la sociedad sin clases. Su ideología no es revolucionaria y su política es oportunista, de adaptación a sus ambiciones y la crisis del capitalismo. El vaivén de su relación con la crisis del capitalismo es producto de la influencia ideológica que la burguesía ejerce sobre ellos. Esta influencia se revela en su posición en la lucha de clases como antagonistas del proletariado, redentores del capitalismo y represores del desarrollo de la conciencia del proletariado.

El camarada Vladimir Ilyich Lenin dijo: "Sin teoría revolucionaria, no puede haber movimiento revolucionario".

La lucha que el proletariado hace para sobrevivir no puede trascender el límite económico y convertirse en un acto revolucionario si sus líderes no le explican que la razón de la carestía en su vida es que es una clase social de esclavos, desposeídos y marginados, subyugados por el Estado y la Iglesia al capitalismo. Este es el sistema de esclavitud que la burguesía usa para forzarlos a vender el trabajo que produce la riqueza que la burguesía se roba a cambio de un "salario mínimo" impuesto por el Estado con el apoyo de los partidos y sindicatos que trafican con su sangre. Y que, por consiguiente, la única solución a su esclavitud es la eliminación de la raíz del capitalismo, o sea, la ley de la propiedad privada de los medios de producción de la sociedad por medio de la revolución social.

Los líderes del FMLN no enseñaron al proletariado la teoría revolucionaria que era el instrumento que necesitaba para entender la lucha contra el ejército burgués como parte de un programa para tomar el Estado y convertirlo de un instrumento de explotación a un instrumento de revolución. Esta teoría es la conciencia del proletariado de sí mismo como la clase social esclavizada por el capitalismo; de su relación con la burguesía como la clase social parasitaria que vive de su explotación; y de la imposibilidad de liberarse por medio de la Constitución del sistema capitalista. La teoría revolucionaria y su correcta aplicación es el instrumento que determina el éxito de la lucha del proletariado.

Si, de acuerdo a su declaración, los autodesignados comandantes del FMLN buscaban eliminar el régimen capitalista, consecuentemente debieron de haber realizado una campaña de educación política de sus militantes y el proletariado para cultivar el desarrollo de su conciencia de clase. En vez de cumplir con este requisito de la lucha de clases, se adaptaron a su atraso manteniendo la práctica de los hábitos que la burguesía y el clero infunden en la mente del proletariado como parte de su dominio. Dichos comandantes enseñan a sus miembros a homenajear a los próceres de la independencia burguesa; saludar a la bandera burguesa; cantar el himno burgués; y oír misa. De esta manera, debilitan ideológicamente al proletariado, el autor potencial de la revolución, y realizan su objetivo de hacer un pacto con sus enemigos, la burguesía y el clero, para realizar su ambición de poder.

La ignorancia del proletariado es la condición de su dominio. Todas las clases que viven de su explotación fomentan su ilusión para engañarlo, manipularlo, estafarlo y mantenerlo sedado con fe, patriotismo, alcohol y fútbol. Por consiguiente, es necesario que los proletarios tengan una vanguardia honrada encargada de hacer el trabajo teórico revolucionario de educación de su clase para capacitarlos para hacer la revolución social.

A pesar de que la élite del FMLN puso el adjetivo calificativo "marxista-leninista" sobre su discurso inicial, su pacto con la burguesía demostró que su visión del problema —económico, político y social— en El Salvador no estaba enraizada en la conciencia de clase del proletariado y la necesidad histórica de hacer la revolución social. Su objetivo no era ni es la eliminación del capitalismo como la causa de la crisis de la humanidad y Tierra. Además, su método de gobierno como comandantes de un ejército guerrillero se basaba en el personalismo, la ejecución de decisiones unilaterales por medio de las armas y el asesinato de miembros que disentían de su prepotente estupidez. Una élite como ésta —corrupta por los vicios de la burguesía y el clero— cuyo estímulo era la realización de su ambición, no estaba capacitada para luchar por el socialismo como la antítesis del capitalismo. Su ambición era participar del disfrute del usufructo que produce el Estado que es sostenido por la riqueza que el proletariado produce. Este es el porqué los cabecillas del FMLN no educaron al proletariado como la vanguardia política de la lucha en la que lo llamaron a participar y usaron como su estandarte social y carne de su cañón.

Los cabecillas del FMLN no tienen nada que enseñar al proletariado más que su corrupción y cómo ayudar a la burguesía a enriquecerse mientras cavan su propia tumba. Su relación con el proletariado es la del viejo sindicalista que sólo les predica el dogma del Código Laboral y cobra su cuota. Estos líderes son producto de la crisis del capitalismo y la consecuente decadencia de la pequeña burguesía que se vende a la burguesía para servir como su quinta columna dentro del proletariado cuya misión es corromperlo, desarmarlo y desviarlo de la vía histórica hacia la revolución social.

5

La decadencia
de la pequeña burguesía

La casta privilegiada que controla la dirección del FMLN y demás partidos políticos pequeños burgueses del mundo —que viven de la explotación del proletariado— son ejemplos de la decadencia de la pequeña burguesía. Esta decadencia es generada por la falta de control de esta clase sobre los recursos —económicos, políticos y tecnológicos— para ser una clase social propia con fuerza suficiente para mantener su existencia en la sociedad dominada por la burguesía y preservarse durante sus crisis. Ante la imposibilidad de progresar como clase independiente en el capitalismo, la pequeña burguesía usa al proletariado como su tabla de salvación. Su conversión a "la opción por los pobres" no es producto de su renuncia a su instinto burgués, sino que de su oportunismo político como parásito social.

Para tratar de contener el proceso de desaparición de su clase como fruto del deseo del aburguesamiento, los líderes pequeños burgueses del mundo se han puesto la toga de los viejos mencheviques para rezar al Dios de la burguesía en la Asamblea Legislativa por su salvación. Un menchevique es un descendiente de la casta de encomenderos políticos de la burguesía que emergió durante las discusiones que ellos y los bolcheviques sostuvieron en 1903 durante la celebración del Segundo Congreso del Partido Obrero Socialdemócrata Ruso (POSR). La discusión se basó en la cuestión del método que el proletariado debía adoptar para tomar el poder y hacer la revolución social. Los *mencheviques* propusieron la "revolución por etapas" a través de las elecciones y un gobierno de alianza entre el POSR y la "burguesía nacional progresista". Como lo hicieron sus antecesores, los *nuevos mencheviques* del FMLN continúan predicando el sermón de la "unidad de la burguesía, el Estado y el proletariado para luchar por el desarrollo del país". Sin embargo, su plan es irrealizable porque la burguesía se ha robado "el país" y lo ha convertido en un campo de concentración en el que explota al proletariado con las armas del Estado, el oscurantismo de la religión y la colaboración del FMLN.

La burguesía salvadoreña cometió crímenes de lesa humanidad para defender el derecho de propiedad que escribió en su Constitución con la sangre de sus víctimas. Aterrorizando y desangrando al FMLN y demás miembros de la nación, la burguesía demostró su conciencia depredadora y que, consecuentemente, no está dispuesta a unirse ni con miembros de su misma clase que pretendan cambiar su relación con el proletariado como el amo absoluto de los medios de producción y apropiador de la riqueza que produce. Por consiguiente, la "unidad" predicada por los *nuevos mencheviques* sólo sirve como una estratagema de la burguesía para diluir la conciencia del proletariado, empañar su propia visión del progreso y paralizar su fuerza como clase social independiente capaz de resolver los problemas sociales que la burguesía crea deliberadamente a través de la revolución social.

El objetivo de los empresarios del FMLN es el mismo de los *mencheviques* de 1903, es decir, ayudar a la burguesía a crear una mampara llamada democracia burguesa —con la pequeña burguesía como su beneficiaria— usando al proletariado como carne de cañón. Esta es la razón por la que dichos dirigentes luchan —con la ayuda de los curas doctrineros— para mantener al proletariado en un estado de inconciencia política de sí mismo como clase esclava pagadora de tributo que necesita hacer la revolución social como el único medio de recuperar su libertad. Incitando al proletariado a dar gracias a Dios, obedecer la ley de la propiedad privada, votar y celebrar la "independencia del país" con la burguesía como un miembro de su familia los *mencheviques* evitan que luche contra la burguesía para recuperar el país que se ha robado, deshumanizado y convertido en un mercado dominado por la violencia de su Estado.

La razón existencial de los *apparátchiki* del FMLN *et al* es su ambición estimulada por la riqueza, el poder y la vanagloria que la burguesía exhibe por encima de las demás clases sociales. En este sentido, su programa político es un contrato con la burguesía para venderle la paz laboral que necesita para continuar apropiándose de la mayor parte de la riqueza que el proletariado produce a cambio de la ignominia de ser su lacayo. La colaboración del proletariado con la burguesía fue impuesta por el genocida Iosif Vissarionovich Stalin como la razón de ser de los partidos "comunistas" que todavía le rinden culto psicótico. Por medio de la difamación, el acoso, la deportación, el confinamiento, la tortura y el asesinato de proletarios y revolucionarios como Lev Davidovich Bronshtein (León Trotsky), Stalin impuso el terror del "socialismo en un solo país" sobre el proletariado, empujándolo así hacia derrotas cuyos efectos destructivos de su conciencia persisten.

Participando en el Estado como *mencheviques* —cuyo encargo es mantener la ley de la propiedad privada de los medios de producción y del salario mínimo; la fe en Dios, la patria y las fuerzas armadas— la élite del FMLN demuestra su acuerdo entusiástico con la burguesía: su ideología, catolicismo, avaricia, estilo de vida romano y brutalidad. Asimismo, como casta convertida a la fe antirrevolucionaria de la social democracia, continúa eliminando la conciencia de clase del proletariado que es la antítesis de la existencia de la burguesía y la potencia de la revolución social.

La pequeña burguesía está en decadencia: sin ideología ni política propia, y sin coraje para hacer una revolución con su propia sangre. Por esto, se ha convertido en negociante de la sangre proletaria de la que se alimenta la democracia burguesa y pregón del viejo y estéril discurso: ¡proletarios del mundo, únanse a la burguesía para ayudarla a enriquecerse, hacer la guerra y empujarlos a sus tumbas!

6

Los pequeños burgueses exaltados por el FMLN

La educación que los líderes del FMLN dan a sus militantes y bases incluye a pequeños burgueses que exaltan como modelos revolucionarios. Esto lo hacen porque carecen de identidad ideológica propia que pueda servir de ejemplo de conducta revolucionaria sin la vanidad de las condecoraciones militares o alabanzas al ego de un líder.

Fidel Alejandro Castro Ruz

¿Quién es Fidel Alejandro Castro Ruz? Castro y sus secuaces del llamado Partido Comunista de Cuba (PCC) traicionaron al proletariado sometiendo su mente al estalinismo, o sea, a la idea contrarrevolucionaria del "socialismo en un sólo país". El PCC reprimió el desarrollo de la conciencia mundial del proletariado encerrándolo en una isla dogmática en la que continúa produciendo la riqueza de una "revolución" que lo mantiene esclavizado.

El Buró Político del PCC embalsamó al proletariado y lo reemplazó con un discurso dogmático sin ninguna conexión con él como clase propia conectada con el proceso revolucionario mundial en un proceso de transformación permanente. Separados del proletariado por la frontera del Estado como su instrumento de dominio, Fidel y sus secuaces se convirtieron en su antítesis usando el poder estatal para controlar la riqueza nacional y convertirse en casta parasitaria privilegiada sumergida en la arena movediza del dogma estalinista y el culto al Estado. La casta parasitaria castrista asfixió al proletariado aislándolo de la lucha del proletariado mundial contra la burguesía mundial. Esta es una de las consecuencias de su aferramiento al estalinismo como la ideología que se adecuaba a su deseo de convertir la revolución en su instrumento de poder y vanagloria.

Hoy en día, Raúl Modesto Castro Ruz, el hermano de Fidel, y sus secuaces se arrastran como un reptil ante el imperialismo yankee mediante su política de favorecer la entrada del capital extranjero reconociendo la "fuerza" del dólar. Después de una larga etapa de ruptura con la política de agresión "pasiva" del gobierno de la burguesía imperialista estadounidense, han comenzado a doblegarse invitando a políticos como James Earl "Jimmy" Carter para que vengan a inspeccionar la isla y determinen si califica para el levantamiento del embargo.

El tal Jimmy es miembro del Partido Demócrata que — por medio de la presidencia de John Fitzgerald Kennedy— autorizó la Invasión de Bahía de Cochinos en abril de 1961. Kennedy además aprobó el uso del "Agent Orange" (Agente Naranja) en la guerra de la burguesía imperialista en contra del proletariado en Vietnam. Aliándose con individuos como Carter —que apoyó la guerra de la burguesía contra el proletariado en El Salvador y Nicaragua— pretenden alcanzar el perdón del gobierno imperialista de los EUA. Es cierto que Cuba ha permanecido bloqueada desde 1962, pero la conducta y proceder que el PCC usa para lograr que levanten el embargo va en contra de todo conocimiento y moral marxista revolucionaria.

La Organización de las Naciones Unidas (ONU), al ver la actitud servil de la casta parasitaria castrista, hizo una casi condena al bloqueo. Eso equivale a un premio para que sigan de niños bien portados. También, ciertos partidos políticos de América Latina piden fin al bloqueo. Estos partidos son las antiguas formaciones guerrilleras entre las que están el FMLN y el Frente Sandinista de Liberación Nacional (FSLN) que pretenden salir a la defensa de sus compinches.

Los mismos pequeños burgueses que se apoderaron de la revolución como un bien personal han empezado la contrarrevolución declarándose así incapaces de actuar como proletarios revolucionarios consecuentes con el principio elemental de un revolucionario: la honradez. La Ley de Inversiones Extranjeras aprobada por la Asamblea Nacional en marzo de 2014 es un contrato con los capitalistas que deseen explotar los recursos de la nación. Este contrato convierte a Cuba en una colonia y al Estado "revolucionario" en el garante de la libertad absoluta de los capitalistas de explotar los recursos de la nación y al proletariado. Además, a pesar de que en el pasado Fidel instigó a los gobiernos latinoamericanos a repudiar la deuda externa, la burocracia castrista paga habitualmente a los usureros imperialistas los intereses de la deuda del Estado. Esta es la antítesis de la supuesta libertad que el proletariado cubano obtuvo haciendo la revolución que derrocó a la dictadura —católica, burguesa y pro imperialista— del soldado Fulgencio Batista Zaldívar.

El PCC renunció a la teoría científica que explica la vida y el universo, y en cambio hizo un pacto con la jerarquía eclesiástica que garantiza su libertad de vivir como parásitos sociales de la explotación de la mente del proletariado y su diezmo. Su imbecilidad dice lo mismo que dice de su Ley de Inversiones Extranjeras: "para salvar el socialismo". Pero el socialismo no existe en Cuba ni se construye minando la base ideológica de la revolución. Este sistema se construye impulsando la revolución con el apoyo del proletariado mundial, no aliándose con los enemigos del socialismo. Además, en principio, éste es un sistema cuya función es la eliminación progresiva del Estado como el instrumento de la explotación de una clase social por otra. El PCC existe como una burocracia que se apropió el poder del Estado y lo usa como controlador de la vida de la sociedad y distribuidor de la riqueza que el proletariado produce de acuerdo a los privilegios que el partido creó para sí mismo.

José Daniel Ortega Saavedra

José Daniel Ortega Saavedra es un mentiroso, ladrón millonario y líder del Frente Sandinista de Liberación Nacional (FSLN) que ahora sirve de manager del plan de enriquecimiento de la burguesía como el presidente del Gobierno de Reconciliación y Unidad Nacional (GRUN). Él y sus secuaces traicionaron al proletariado para convertirse en los nuevos encomenderos en un país robado por la burguesía y su Iglesia Católica Colonialista (ICC). Un día después de la insurrección, los autodesignados comandantes sandinistas empezaron a entregar a los enemigos del proletariado todo un proceso revolucionario que había costado sangre y muerte a la nación. Esta contrarrevolución culminó con la elección de Violeta Barrios Torres de Chamorro a la presidencia de la república en 1990.

Días antes del 19 de julio de 1979, los autodesignados comandantes del FSLN, con Ortega Saavedra a la cabeza, acordaron en secreto con el gobierno de los EUA —presidido entonces por James Earl "Jimmy" Carter, miembro del Partido Demócrata— lo siguiente: su gobierno se comprometía a suspender todo el apoyo militar a la dictadura —burguesa, católica, terrorista y pro imperialista— de Anastasio Somoza Debayle y su Guardia Nacional (GN) para así allanar con más prontitud el triunfo del FSLN. A cambio de esta oferta, los cabecillas del FSLN convenían en ablandar su rebelión y actuar con benevolencia. Esto quería decir que no continuarían la revolución recuperando los medios de producción de la nación que la burguesía, imperialista y nativa, y la ICC habían robado desde que el Imperio Español dejó de ser el principal explotador de las naciones indígenas y negras, y colector de su tributo. Además, los líderes ex-guerrilleros católicos prometieron continuar pagando —con la riqueza producida por el proletariado— la deuda externa del Estado que la Mafia somocista contrajo con los usureros imperialistas para su enriquecimiento.

El tratado Carter-Ortega Saavedra —como otros en la historia del dominio imperialista yanqui de Nicaragua— fue una táctica que dio resultado en ese momento. La administración Carter pensaba que era mejor acordar ciertos arreglos con los autodesignados comandantes sandinistas para después seguirlos suavizando. Los agentes de la burguesía imperialista concluyeron que si usaban la fuerza saldrían perdiendo. La dinámica de la revolución revelaba que el triunfo del FSLN era irreversible y que el final iba a ser humillante para ellos.

Ortega Saavedra se convirtió en campeón del indulto de asesinos, mercenarios y espías. El caso más relevante fue el de Eugene H. Hasenfus, quien había sido condenado a 30 años de prisión por introducir armas a Nicaragua para aprovisionar al ejército de los Contras que hacían la guerra contra la Junta de Gobierno de Reconstrucción Nacional (JGRN) patrocinada por el FSLN— bajo la dirección de la Agencia Central de Inteligencia de los Estados Unidos y el apoyo del gobierno de Ronald Wilson Reagan del Partido Republicano y la Santa Sede. A petición del senador estadounidense Chris Dodd, Hasenfus fue indultado y liberado por Ortega Saavedra usando su autoridad de presidente de Nicaragua en 1986. A pesar de esta decisión, Reagan y Karol Józef Wojtyła, el llamado Papa Juan Pablo II, continuaron apoyando la guerra contra el FSLN hasta que lo forzaron a negociar la "paz" sobre los cuerpos de 60,000 personas que fueron muertas sin razón y una economía arruinada. Aceptando la negociación el FSLN concedió la victoria militar a la burguesía, los usureros imperialistas y la ICC. La burguesía —representada por la

Unión Nacional Opositora-UNO— aprovechó la "paz" de los muertos para infligir la segunda derrota al FSLN con su victoria en las elecciones presidenciales y hacer la contrarrevolución.

En 1988, Ortega Saavedra visitó a Karol Józef Wojtyła para confesarle sus pecados, pero éste le dio un frío recibimiento y toda la prensa burguesa se rió. En esa ocasión, el dueño del FSLN se definió como un católico bautizado — que recibió la confirmación y la primera comunión— cuya formación había sido la cristiana. Sin embargo, el 19 de julio del mismo año, dijo: "Parece que no han entendido que los sandinistas somos socialistas".

La declaración de Ortega Saavedra de ser "socialista" fue seguida por la afirmación de su secuaz Bayardo Arce Castaño, miembro de la dirección del FSLN y beneficiario del llamado patrimonio del FSLN que ellos formaron con bienes robados al Estado. En 1989, Arce Castaño dijo: "Hay que llegar a establecer una concertación de intereses delineando las responsabilidades del gobierno, la empresa privada y los trabajadores para con los problemas económicos del país". Actualmente, Ortega Saavedra y Arce Castaño son empresarios y aliados en la concertación del GRUN, la burguesía, el proletariado y la Iglesia para aumentar las ganancias de la burguesía y las prebendas de la burocracia y el clero.

"Los problemas económicos del país" —de los que continúa hablando el FSLN— no son del país ni son solo económicos. El desempleo, el hambre y la miseria son injusticias sociales que la burguesía continúa causando — impulsada por su avaricia y odio por el proletariado— apoyándose en la Constitución del Estado. Ésta garantiza la propiedad privada de los medios de producción y trata al trabajo como una mercancía que se puede vender por un salario mínimo establecido por el Estado.

El problema real es el capitalismo, el cual es un sistema basado en la propiedad privada de los medios de producción de la sociedad. Bajo este sistema, el pan que la sociedad necesita para mantener su vida es producido socialmente por el proletariado, pero es apropiado individualmente por el dueño de la panadería, quien lo vende a un precio que conlleva un lucro. Los autodesignados comandantes sandinistas se alimentan de este sistema.

La concertación no es un instrumento del proletariado para hacer la revolución social, sino que un engaño intencionado a persuadir al proletariado que su interés es la solución de los problemas creados por sus enemigos de clase y no la eliminación de su causa. Tampoco es esta una artimaña nueva inventada por Ortega Saavedra y Arce Castaño. Sus antecesores, los *mencheviques*, la heredaron como una reliquia a las nuevas generaciones de pequeños burgueses aliados de la burguesía que negocian la realización de sus ambiciones de clase disfrazados de benefactores del proletariado cuando en realidad son los explotadores de su sufrimiento.

El objetivo del pacto que Ortega Saavedra y Arce Castaño promueven hoy es el mismo de 1979, cuando patrocinaban el gobierno burgués de la JGRN: mantener al proletariado en la ignorancia de su propio interés de clase, pacificado y hambreado, para beneficio de la burguesía, la burocracia y el clero. Estos hombres arrepentidos de haber blasfemado contra la burguesía y el clero no son proletarios, revolucionarios o modelos de decencia. Los dos, junto con otros miembros del FSLN, son acusados de ser autores de "La Piñata Sandinista", o sea, la apropiación ilegal de bienes de la nación en 1990. El FSLN es un partido dirigido por empresarios pequeños burgueses que hicieron su capital asaltando el tesoro público y vendiendo la sangre del proletariado a la burguesía y los usureros imperialistas.

Tomás Borge Martínez

Tomas Borge Martínez fue uno de los fundadores del FSLN, vicesecretario general del FSLN y temido ex Ministro del Interior. Junto con sus secuaces, Ortega Saavedra y Arce Castaño, fue acusado de ser "piñatero", es decir, un partícipe de la llamada "Piñata Sandinista" de 1990 que consistió en la apropiación de bienes del Estado por parte de la élite sandinista para su enriquecimiento personal. Antes de morir, su fortuna era estimada en $2.32 millones.

Quienes estuvieron en su despacho dicen que no tenía siquiera una foto del General de Hombres Libres, Augusto César Sandino, sino que 24 crucifijos incrustados en las paredes. El llamado revolucionario decía "Me acompañan en las decisiones importantes que se toman desde aquí".

A Borge Martínez se le adjudica haber sido el organizador de los Comités de Defensa Sandinista en 1979 y los Consejos y Gabinetes del Poder Ciudadano en 2007. Estas organizaciones fueron creadas por el FSLN como fuerzas de choque —a la "Colacha" o Nicolasa Sevilla Montes— para difamar, acosar y atacar a los revolucionarios y sus opositores políticos. La "Colacha" fue una secuaz de la dinastía católica-somocista que dirigía a las turbas somocistas en sus ataques terroristas en contra de la oposición.

El autodesignado comandante recibió el premio "Casa de las Américas" por su libro "La Paciente Impaciencia". Sin embargo, este galardón no puede encubrir el hecho de que fue un hombre que con su conducta demostró que su conciencia no estaba fusionada con la conciencia del proletariado y el significado humano de la revolución. Ésta es un fenómeno social que puede suceder sólo en un estado de transformación constante, impulsado por sus autores —el proletariado y el resto de las clases sociales desposeídas— a través del proceso de erradicación de las condiciones que justifican la revolución —la ignorancia, la avaricia, el odio, el hambre y la guerra— y el florecimiento de la conciencia altruista que es la base del bienestar social.

Los hombres aclamados por el FMLN como modelos de revolucionarios son pequeños burgueses que —a través de la lucha del proletariado— tomaron el poder del Estado para erigirse como casta privilegiada. Tomar a tipos de esta calaña como modelos para forjar las ideas del socialismo y la conducta de un militante revolucionario es inaudito. Los proletarios deben de repudiarlos, en vez de aclamarlos.

7

El proletariado es una clase social propia

A pesar de la campaña de desclasamiento que los nuevos líderes *mencheviques* del FMLN hacen en la mente del proletariado para convencerlo de que no es una clase social propia, sino que un ciudadano común con libertades y derechos iguales a los de la burguesía en la Constitución del país, el proletariado continúa siendo una clase social propia que tiene su propia personalidad y lugar en la historia de las revoluciones que han impulsado el desarrollo social de la humanidad. Su carácter, ideología, valores y sentido existencial son inherentes a su condición humana esclavizada por la burguesía y el clero. Las personas proletarias no tienen lugar en las declaraciones de independencia de la burguesía, su Constitución, Estado, partido político o religión.

Esta clase se distingue de la burguesía y pequeña burguesía por ocupar el puesto de manejadora de los medios de producción, productora de la estructura del funcionamiento de la sociedad y de los bienes que esta necesita para vivir, educarse, cuidarse y progresar. Sin embargo, su existencia está condicionada por la existencia de la burguesía como la clase social que tiene el poder del Estado con el que ejerce la explotación de su trabajo para satisfacer su avaricia y vivir como patricios que vomitan para continuar hartándose.

Las mujeres y los hombres del proletariado no son una clase social que vive de la explotación de otras personas. Ellos venden su trabajo a la burguesía por un salario mínimo —

establecido por la burguesía por medio de la fuerza del Estado— que no es igual al valor de los bienes que producen con el sacrificio de sus vidas. Esta relación injusta permite a la burguesía —con el apoyo del Estado y el clero— mantener su vida opulenta mientras empobrece al proletariado progresivamente y lo sume en la miseria. La fuerza económica y política que la burguesía usa para crear la pobreza es como una corriente que arrastra a las demás clases sociales que no tienen el poder para contrarrestar su empuje destructivo.

La actividad del proletariado en la sociedad no causa sufrimiento a otras personas; al contrario, es noble y digna de admiración. Esta clase está compuesta por heroínas y héroes —despreciados por la burguesía, el clero y sus acólitos *mencheviques*— que preservan la vida racional de la sociedad todos los días. En este sentido, la clase obrera es el modelo de inteligencia, coraje y determinación que las mujeres y los hombres que la componen necesitan abrazar para liberarse de la influencia tóxica de la ideología reaccionaria de la burguesía, la pequeña burguesía y el clero.

El carácter del proletariado es producto de su relación con la sociedad, es decir, el trabajo duro y persistente con el que produce la riqueza que mantiene su vida. A diferencia de los proletarios, el carácter de los pequeños burgueses es producto del dilema de no querer vivir como proletarios, pero no poder convertirse en burgueses porque la burguesía no les permite desarrollar el capital y poder político necesario para ello. Esta es la razón por la que el carácter de la pequeña burguesía es un reflejo de la vida parasitaria, egoísta, estéril y desleal de la burguesía. Ante la imposibilidad de que la burguesía financiera les de crédito suficiente para que puedan convertirse en burgueses, los pequeños burgueses enfocan su interés sobre el proletariado y ven en esta clase la oportunidad de usarla como la fuerza social con la que pueden convencer a la burguesía de dejarlos entrar en el palacio donde se legisla la vida y la muerte de las clases dominadas por ella. Por tanto, la pequeña burguesía continúa siendo una clase incompatible — social, ideológica, psicológica y políticamente— con el proletariado, incapaz de apreciarlo y coaligarse con él para hacer la revolución social.

La incompatibilidad de los líderes pequeños burgueses de las organizaciones cuya base social es el proletariado con el interés histórico de éste se manifiesta en su ignorancia de la historia de la clase que dicen representar y su distanciamiento de los campos de concentración donde la burguesía la explota brutalmente para apropiarse de la riqueza que produce. Esta relación de los *nuevos líderes mencheviques* del FMLN *et al* con el proletariado es superficial y produce las falsedades con las que deforman su instinto social y personalidad histórica.

Los acólitos de "izquierda" de la burguesía con su política de colaboración de clases niegan que el proletariado es una clase propia cuya antítesis es la burguesía; que la burguesía no es una clase que puede ser "democratizada"; que existe una lucha histórica entre proletarios y burgueses; que esta lucha ha sido la que ha impulsado el progreso de la humanidad; y que, por tanto, el proletariado necesita tener su propia conciencia de clase, ideología y partido político para luchar independientemente contra la burguesía como su enemigo mortal para recuperar el poder del Estado con el que destruye a la humanidad y Tierra, y hacer la revolución social. Los *nuevos mencheviques* se erigen sobre su negación como los dueños de una clase que ellos han inventado y corrompido con su hipocresía y aburguesamientos. Así han hecho del proletariado una clase domesticada y devota que explotan con el mismo fin de la burguesía y el clero.

Los elementos de la conciencia de los proletarios son producto de su condición de clase deshumanizada, desposeída y esclavizada por la burguesía y el clero para explotarla y mantenerla como la proveedora del disfrute de su vida parasitaria. Dichos elementos no pueden ser negados, reformados o cristianizados porque son producto de la lucha de clases y la antítesis de la libertad que es la vida de la burguesía y el clero. La esclavitud es la condición de la vida del proletariado que lo impulsa a luchar para mantenerse vivo y liberarse. En este proceso, generado por el egoísmo e ineficiencia del capitalismo, los proletarios pueden darse cuenta que la solución a su esclavitud no es la democracia burguesa del "salario mínimo" controlado por el Estado, sino que la recuperación del poder que la burguesía ha usurpado, es decir, el Estado y los medios de producción que son patrimonio de la nación. Los nuevos cabecillas *mencheviques*, que ahora se disfrazan de pastores del proletariado, no pueden contener la inevitabilidad de la crisis cíclica del capitalismo, la reacción defensiva-ofensiva de la burguesía y la lucha de las clases para sobrevivir.

De "¡Revolución o muerte!" a "¡Todos a exigir la negociación!" los cabecillas del FMLN usaban eslóganes contradictorios que reflejaban su falta de un programa de lucha basado en principios, claros y concretos, enraizados en una ideología revolucionaria.

8

El FMLN no hizo una revolución

"Una vez iniciado el proceso de diálogo-negociación y cuando éste se encuentre a un nivel avanzado, el FMLN-FDR manifiestan su disposición a negociar el cese de fuego"[1].

Los autodesignados comandantes del FMLN no hicieron una revolución. Al contrario, ellos se opusieron a la realización de una revolución con la fuerza del proletariado y así posibilitaron la victoria de la burguesía. Su firma en los Acuerdos de Paz de Chapultepec de 1992 es su compromiso de integrarse al sistema jurídico burgués para contener el desborde del proletariado. Dichos acuerdos no alteraron el dominio de la burguesía — su conciencia de clase, su Estado, su control de los medios de producción y su relación con el proletariado— no fue alterado por los acuerdos de "paz".

De manera traicionera, militarista e insensible, los negociadores de la "paz" que la burguesía necesitaba para reparar su maquinaria de producción y recuperar sus ganancias convirtieron la realidad de la lucha del proletariado y la sangre de decenas de miles de personas muertas en un esfuerzo infructuoso. Este es el porqué El Salvador continúa estando atrasado —en lo económico, ideológico, político, tecnológico y social— y se encuentra en una situación que tiende a empeorar al ritmo de la creciente avaricia de la burguesía y la miseria que impone a los desposeídos. Parte de esta crisis son los hijos bastardos de "Las 14 Familias", o sea, las pandillas Calle 18 y MS-13. Éstas siguen el ejemplo de la burguesía relacionándose con la sociedad por medio del terror, el asalto y la matanza.

Desde 1980, los cabecillas del FMLN empezaron a proponer a la burguesía la negociación de un acuerdo para su participación en la administración del Estado. Su desacuerdo con la burguesía no fue ni es sobre el capitalismo como el sistema de esclavitud —basado en la ley burguesa de la propiedad privada de los medios de producción— con el que produce su enriquecimiento y el empobrecimiento de las clases sociales que desposee continuamente.

Los cabecillas del FMLN se sujetaron —con conocimiento de causa y voluntariamente— a aceptar migajas a cambio de su traición, por ejemplo: una nueva constitución cuya base continúa siendo la ley burguesa de la propiedad privada de los medios de producción, una personería jurídica de acuerdo a la ley burguesa de partidos políticos y una sociedad "desmilitarizada" siempre y cuando la burguesía se sienta segura y satisfecha con la cantidad de su botín. Negociando la "paz" de su mercado con la burguesía, los líderes del FMLN revelaron que no luchaban animados por el "marxismo-leninismo" o el guerrillerismo como su estrategia para derrotar al ejército burgués y tomar el Estado. Su trato de la insurrección que incitaron fue similar al de los líderes sindicales que se dan por vencidos y terminan la huelga antes de firmar un nuevo contrato laboral con las reivindicaciones por las que llamaron a los proletarios a participar en la huelga.

La dirección del FMLN no se comportó con integridad porque su conciencia no estaba fusionada con la conciencia del proletariado y su moral: su condición de clase social esclava explotada por la burguesía y su justa necesidad de emanciparse. Además, la ideología del FMLN no se basa en la lucha de clases y la dictadura del proletariado, sino que en la colaboración de clases y un gobierno burgués "democratizado" con la sangre del proletariado.

La lucha de clases es la relación entre la burguesía como la clase social que se robó los medios de producción de la sociedad y el proletariado como la clase desposeída por la burguesía. El proletariado solo tiene su fuerza de trabajo que vende a la burguesía por un salario cuyo valor no es igual al valor de los bienes que produce con su trabajo. Esta relación de explotador y explotado está legalizada por la ley de la propiedad privada de los medios de producción y el salario como el valor del trabajo en la Constitución del Estado burgués. Éste es el instrumento que la burguesía usa para ejecutar su derecho y apropiarse de la riqueza nacional y la plusvalía que el proletariado produce.

La relación de la burguesía con la sociedad es la del ladrón con su botín cuyos estímulos son la avaricia, la desconfianza, la defensa de su robo y el ataque en contra de quienquiera que quiera quitárselo. El trato del proletariado de parte de la burguesía es un efecto de su conciencia de ladrón, la cual la impulsa a hacer la guerra para defender su botín. La burguesía es un predador de su misma especie que no puede relacionarse con ninguna otra clase social con libertad, igualdad o fraternidad. Los usureros imperialistas —atrincherados en el Grupo de los Siete (G-7), el Club de París y la Organización del Tratado del Atlántico Norte (OTAN) son una clase social de parásitos que no trabajan ni producen ningún bien. Su razón de ser es hacer dinero en base al consumo del proletariado y la Tierra para vivir una vida de opulencia, vanidad, violencia e infertilidad.

La lucha de la burguesía contra el proletariado para mantener su esclavitud como la fuente de sus ganancias se da a través de su dictadura, democrática o militar, ejercida por su Estado, Iglesia y fuerzas armadas. La burguesía —impulsada por su creciente avaricia— inevitablemente crea las condiciones —desempleo, carestía, hambre y represión política— que obligan al proletariado a crear su propia dictadura como la única forma de evitar que la burguesía destruya a la humanidad y Tierra totalmente.

La dictadura del proletariado es el ejercicio del poder del Estado por el proletariado para liberar a la sociedad del dominio brutal y destructivo de la burguesía y el clero; instruir y organizar a la sociedad en base al socialismo; recuperar los medios de producción de la sociedad; liberar la mente del trabajo de la irracionalidad del salario; cambiar el modo de producción de los bienes que la sociedad necesita; liberar la conciencia de la sociedad de la influencia de la mezquindad de la burguesía y el clero; y desarrollar las bases para la eliminación del Estado y la sociedad de clases.

---

[1]Propuesta de integración y plataforma del Gobierno Provisional de Amplia Participación del FMLN/FDR – El Salvador, 31 de enero de 1984.

9

El FMLN no es un partido proletario ni revolucionario

El FMLN no es un partido proletario ni revolucionario porque la conciencia de sus líderes es pequeña burguesa con una tendencia hacia el aburguesamiento que los opone progresivamente al proletariado y la revolución social. La condición social de proletarios de la mayoría de sus miembros no convierte a sus *apparátchiki* en proletarios con conciencia proletaria, es decir, la conciencia de la necesidad histórica de la revolución social como la respuesta a la crisis de la humanidad y Tierra causada por la burguesía y el clero.

Su existencia no es producto de la necesidad histórica de hacer la revolución social. Este frente es producto de la crisis del capitalismo y la reacción de la burguesía de defender su dominio empujando a las demás clases de la sociedad que no tienen poder económico y político capital y tierra, y Estado— al desempleo y la miseria. Sus dirigentes son políticos pequeños burgueses oportunistas que cambiaron su uniforme de guerrilleros "marxistas-leninistas" por el uniforme de los encomenderos de la burguesía que administran el Estado.

Los dirigentes de este partido participan en el gobierno —basado en la Constitución, la patria, la fe y las fuerzas armadas de la burguesía— para mantener al proletariado como la clase social esclava explotada que produce la riqueza que alimenta a los usureros imperialistas, la burguesía, el clero y ellos. Su relación con el Estado no es para preparar al proletariado para que haga la revolución social desde arriba, sino que para liberalizar su Constitución y vender al país bajo los términos impuestos por los usureros imperialistas por medio de la guerra financiera de sus ejércitos de exterminio social, el Fondo Monetario Internacional (FMI) y el Banco Mundial (BM).

El presidente del Estado burgués y líder del FMLN, Salvador Sánchez Cerén, no es el representante del proletariado, sino que el maestro de las ceremonias políticas en que la burguesía compra y vende al país con la ventaja adicional de poder depender en un gobierno amigo que garantiza la paz social —sin huelgas ni revoluciones— necesaria para los buenos negocios. Este ex-guerrillero, "marxista-leninista" arrepentido, ha sido acusado por sus ex-compañeros de las Fuerzas Populares de Liberación (FPL) —o "FMLN Histórico" como ellos se llaman— de haber ordenado el asesinato de cientos de sus camaradas. Con su firma en los Acuerdos de Paz de Chapultepec de 1992, los líderes del FMLN perdonaron al ejército de la burguesía y a sí mismos por los crímenes que cometieron. Por jugar su papel de farsante corrupto en una obra sangrienta —que el FMLN llama "Unidos crecemos todos"— recibe un salario de, aproximadamente, $5,200.00 mensualmente.

¿Cómo es posible que el proletariado crezca así? ¡Mentira! Lo que el proletariado necesita no es un eslogan de la tímida hipocresía de los lacayos de la burguesía, sino que desarrollar su conciencia de clase —elevando su nivel intelectual y político— para comprender su rol histórico en la sociedad. Sólo así podrá hacer la revolución social que es necesaria para cambiar las estructuras del capitalismo; construir la sociedad socialista; y, consecuentemente, crear la base de la sociedad comunista. Es imperioso que el proletariado aprenda el manejo del análisis materialista para discernir la vida, el capitalismo, la religión, las clases sociales y su lucha, y todos los aspectos de la lucha revolucionaria.

Los proletarios nunca podrán siquiera modificar las viejas estructuras del capitalismo si los principios y las enseñanzas que reciben son dictados por políticos infectados con el virus ideológico de la Internacional Socialista (IS). El componente esencial de este virus es la corrupción de esta organización que actúa como una Mafia que vive de la venta de la sangre del proletariado a cambio de puestos de lacayos de la burguesía en el Estado.

El revolucionario no nace se hace con la educación marxista y la experiencia de vivir bajo el capitalismo como miembro de una clase social. La pobreza no hace al revolucionario, es el partido revolucionario el que construye su conciencia. La conciencia de clase no viene del interior del cerebro de los trabajadores, sino que de afuera, es decir, de la sociedad en que la burguesía —con el poder brutal del Estado y la Iglesia— domina y fuerza al proletariado y demás clases sociales a luchar por su supervivencia.

La lucha del proletariado para eliminar la causa de su esclavitud y la crisis de la humanidad fue carcomida por la corrupción de los líderes en quienes depositó su confianza y vida. La corrupción continúa siendo un arma eficiente de la burguesía en su lucha contra el proletariado. La corruptibilidad es la cualidad que la burguesía requiere para aceptar nuevos miembros en su club de poder, orgías y mascaradas políticas. Ser miembro entusiasta de este club —no de la casa del obrero— fue la decisión que la dirección del FMLN tomó. Para hacerlo, no necesitaron demostrar que tenían ningún principio, su deshonestidad fue suficiente.

Un ejemplo de la "corrupción de izquierda" de los burócratas del FMLN es su relación con las pandillas como lo revela el extracto periodístico siguiente: "La ultra violenta pandilla callejera Mara Salvatrucha, también conocida como MS-13 —cuyos 10,000 miembros siembran el asesinato y caos en docenas de ciudades de Estados Unidos— ha estado apoyando secretamente al partido gobernante de El Salvador durante varios años, de acuerdo a la evidencia que ha surgido en semanas recientes. El presidente Mauricio Funes ha admitido que ha aprobado personalmente pagos, prostitutas y otros privilegios para los capos de las pandillas a cambio de su apoyo político.

Las asociaciones criminales del FMLN siguen siendo preocupantes. Tómese como ejemplo el gerente financiero del partido, José Luis Merino, quien maneja un estimado de $600 millones a $800 millones al año en pagos del gobierno de ala izquierda de Venezuela a los alcaldes del FMLN. Él ha amasado una fortuna privada por medios sospechosos y tiene vínculos operativos con las FARC, el movimiento guerrillero colombiano que es la fuente más grande de cocaína en el mundo. En diciembre pasado, el periódico español ABC expuso el papel de Merino en la organización de una visita del narcotraficante italiano Roberto Adamo para reunirse con los operativos de las FARC en Venezuela."[1]

---

[1] La MS-13 secretamente respalda al partido gobernante en El Salvador. New York Post, March 3, 2014.

10

Las verdades que el FMLN niega

Estas son algunas de las verdades que los *nuevos mencheviques*, los líderes del FMLN, niegan para tratar de oscurecer su traición de la sangre de los proletarios muertos que usaron para negociar su ambición de aburguesamiento, fama y fortuna, con los encomenderos del Estado burgués:

Los acuerdos de "paz" del FMLN con la burguesía no son producto de una revolución. Estos pactos, en realidad, son un alto al fuego que la burguesía necesita para reanudar su explotación "pacífica" del trabajo del proletariado. Esta "paz" no es la solución al problema que causa la lucha de clases, es decir, el dominio de la burguesía sobre los medios de producción y su apropiación de la riqueza que el proletariado produce.

La victoria del FMLN en las elecciones no es el inicio de una revolución, sino que la continuación de la esclavitud y explotación del proletariado por la burguesía ahora con la ayuda de la ilusión óptica que los propagandistas efemelenistas hacen de dicha victoria. Su objetivo no es usar el Estado burgués como instrumento de la lucha del proletariado —de su educación y organización— para que entienda su necesidad de emanciparse del Estado.

El FMLN participa en las elecciones con un programa de colaboración de clases para ganar puestos lucrativos en el Estado usando al proletariado como la carne de su cañón político. La presidencia, Asamblea Legislativa y alcaldías no son organismos controlados por el proletariado. Los burócratas efemelenistas no representan al proletariado ni usan su método de lucha —ideología de clase, independencia política y la huelga— para lograr sus reivindicaciones.

La burguesía es una clase social parasitaria cuya vida y libertad depende de su habilidad para mantener al proletariado en la esclavitud y explotar su trabajo para obtener la plusvalía que determina su dominio de la sociedad. Desde que tomó el poder, la burguesía se convirtió en el enemigo de la vida de la humanidad, el progreso social y la preservación de la Tierra. La burguesía responde sólo a un estímulo, la mezquindad. El "bien común" por el que le ruegan sus acólitos *mencheviques* de la Social Democracia es un sinsentido para ella puesto que formó su conciencia guerreando, saqueando países y creando el sufrimiento de millones de personas en el mundo sin conmoverse.

La burguesía está empujando a la humanidad a la miseria, la hambruna, el fascismo y la tercera guerra mundial usando al Estado como su fuerza de choque. El estado —estimulado por la conciencia mezquina y brutal de la burguesía— no es el garantizador del bienestar social, sino que el colector del tributo, el espía, el acosador, el represor, el carcelero, el torturador, el verdugo, el organizador de la guerra y supervisor de la distribución del botín entre los cárteles burgueses.

La democracia es el régimen que la burguesía usa para ejercer su dominio de la sociedad en los tiempos de "paz" en su lucha contra el proletariado para explotar su trabajo y apropiarse de la riqueza que produce. Esta forma de gobierno es producto de la división de la sociedad en clases sociales explotadoras y explotadas que la burguesía impone en base a su apropiación de los medios de producción de la sociedad. La burguesía concede el derecho de votar al proletariado siempre y cuando éste no trate de emanciparse. La democracia dejará de existir cuando la sociedad recupere su estado normal —sin Estado ni clases sociales— por medio de la revolución permanente de su conciencia de sí misma y del mundo sin los límites brutales de la propiedad privada de los medios de producción.

La burguesía no tiene la disposición de hacer algo opuesto a su naturaleza y nunca lo ha hecho. Por consiguiente, una alianza política de la burguesía con el proletariado para "el progreso del país" puede tener sentido para la burguesía sólo si sirve para lograr estos objetivos: mantener la ley de la propiedad privada de los medios de producción, mantener su control sobre la riqueza nacional, mantener al proletariado sujeto al yugo de la esclavitud y aumentar la plusvalía que se roba.

El capitalismo nunca ha producido ni puede producir bienestar con libertad, igualdad y fraternidad para toda la sociedad porque su razón de ser es la avaricia, incesante y creciente, de la burguesía. Su instinto de predador la impulsa a apropiarse de una cantidad cada vez mayor de la riqueza que el proletariado produce causando así más miseria para más proletarios en el mundo. Actualmente, 805 millones de personas no tienen suficiente comida para vivir una vida saludable. Mientras, 85 burgueses controlan una gran parte de la riqueza que pertenece a la humanidad por derecho innato. Esta es la razón real del capitalismo que sólo permite una opción a las personas que empobrece: morirse de hambre mientras el FMLN les dice "la paz sea con vosotros".

La "paz" negociada sobre los muertos en la guerra de la burguesía contra el proletariado no es la paz de la igualdad, sino que la farsa política ficticia que los negociantes de la "paz" orquestaron con sus aparatos de propaganda para encubrirse con un manto blanco de auto-exculpación de los crímenes que cometieron y tratar de esconder la división del botín.

La revolución no puede ser hecha por la pequeña burguesía con la ideología de la burguesía. Este intento sólo ha producido la masacre del proletariado. La revolución puede ser hecha por el proletariado con su ideología revolucionaria para recuperar el Estado y los medios de producción. Esta revolución debe de ser el estímulo altruista en la mente de la sociedad para liberarse de la ignorancia, la avaricia, la competencia, la brutalidad y la guerra que la burguesía y el clero usan para mantenerla esclavizada en un estado de autodestrucción.

La burguesía es una clase social minoritaria que mantiene su dominio sobre la sociedad no por ser un gobernante sabio y generoso, sino porque es apoyada por una fuerza de choque organizada en el Estado y la Iglesia cuya conciencia ha corrupto con su estilo de vida infectado con mentira, robo, asesinato, avaricia, opulencia, vanagloria y esterilidad. Esta clase que vive como romana —para hartarse y vomitar para seguir hartándose— reprime la evolución, científica y social, del cerebro y el progreso de la humanidad.

El FMLN no hizo una revolución, reprimió el desarrollo de la conciencia del proletariado y asesinó a personas — incluyendo a sus propios camaradas— para lograr su objetivo de hacer una alianza con una clase, corrupta y decadente, que nunca ha sido altruista.

11

Los crímenes del FMLN

«La locura de la oligarquía les condujo a organizar los "escuadrones de la muerte", en forma similar a como en 1932 organizaron –con jóvenes de la burguesía- la Guardia Civil, que salía a matar campesinos y obreros en los alrededores de San Salvador. Los militares hicieron una orgía de sangre desde 1980 hasta 1983 (El Sumpul, El Mozote, San Salvador, etc.) y otros espasmos a lo largo de los siguientes ocho años (Arzobispo Romero, sacerdotes jesuitas, bombardeos a barrios pobres de Mejicanos, San Sebastían, etc.). Todo esto sólo se explica como acción de locos; en la locura sangrienta se amalgamaron como dirigentes la oligarquía y los militares, quienes instrumentalizaron a ciudadanos campesinos y lumpen para asesinar a sus hermanos.»[1]

El FMLN es producto de una sociedad que la burguesía domina verticalmente con la bala, el voto, Dios, el hambre y el terror. La historia de El Salvador es la historia de la guerra de la burguesía para robarse el país, consumir su riqueza y defenderlo como su feudo. La masacre campesina de 1932 ordenada por los capos del cártel de "Las 14 Familias" —con la indulgencia de la Iglesia Católica Colonialista— y ejecutada por su esbirro, Maximiliano Hernández Martínez, es un modelo del método que la burguesía ha usado para tratar a sus compatriotas que manifiestan desacuerdo con su función de parásito maligno en el cuerpo de la sociedad.

La burguesía es un predador de su misma especie que es incapaz de cambiar su instinto y reconocer el derecho humano de las otras clases sociales a poseer la parte de la riqueza de la nación que el proletariado produce que necesitan para vivir dignamente y progresar. Por esta razón, mantiene una fuerza de defensa de su interés de clase —compuesta por políticos, jueces, alcaldes, soldados, espías y sicarios— entrenada con sus propiedades deshumanizantes —avaricia, odio, brutalidad e insensibilidad— incorporada al Estado. Siempre que la burguesía se sintió enfrentada por disidentes reaccionó con furia, desatando su fuerza de choque y lanzándola en contra de la disidencia hasta exterminarla.

Esta es la clase que influencia a las demás clases sociales con su corrupción, dominio, estilo de vida opulenta, insensibilidad y esterilidad. La burguesía ejerce su influencia a través del Estado y sus partidos políticos con el fin de mantener el mito de que ella es una clase noble producto del progreso que producen la democracia y la fe en el capitalismo como un sistema moral en la mente de las clases que explota.

Uno de los logros más grandes de la burguesía es haber persuadido al FMLN, a sangre y fuego, de que es una clase con la que se puede hacer una alianza para reformar el Estado usando su método de corrupción institucionalizada. Otro de sus méritos democráticos es haber engendrado generaciones de pandillas de desposeídos y semianalfabetos que —siguiendo su ejemplo— guerrean en contra de sus enemigos y la sociedad por el control de territorio y la mente de las personas que extorsionan para vivir como parásitos letales.

Los cabecillas del FMLN se dejaron seducir por el modelo de gobierno de la burguesía —compuesto por la corrupción y el terrorismo de Estado— y usaron su método para forzarla a negociar su ambición de ser mandatarios aburguesados. Este método —emanado de la psicosis del poder, el personalismo, el recelo, la envidia y la inseguridad moral— también lo aplicaron como "disciplina revolucionaria" para asesinar a sus camaradas y compatriotas como lo hizo Stalin y sus veneradores para tratar de hacer lo imposible: convertir la mentira en verdad.

El *modus operandi* de los jefes militares del FMLN en su relación con sus camaradas reflejaba su psicosis de poder, inseguridad moral e incapacidad para actuar con sabiduría, sensibilidad y libertad. Los crímenes cometidos por el FMLN son la médula de su moral que es la traición. Los proletarios que sostienen a esta organización comparten la responsabilidad de sus líderes por los crímenes que ordenaron, cometieron o permitieron y están expuestos a ser tratados con la misma brutalidad que practicaron durante la guerra a pesar de que ahora se han convertido en negociantes de la "paz".

Los asesinatos de Roque Dalton García, Mélida Anaya Montes, Ethel Pocasangre Campos e Isis Dagma son cuatro ejemplos solamente del carácter de la casta dirigente del FMLN y el mérito que la burguesía vio en ella.

---

[1]De la Locura a la Esperanza: La guerra de los Doce Años en El Salvador

Roque Dalton García

«Se trata del informe que Eduardo Sancho –para aquel entonces, conocido como "Esteban" y más adelante con el *nom de guerre* de Comandante Fermán Cienfuegos- escribiera acerca de la participación de Roque Dalton en la Resistencia Nacional. Se trata de un documento interno, donde Sancho hace un repaso de la última estadía del poeta en El Salvador: a partir de su incorporación al Ejército Revolucionario del Pueblo (ERP), en diciembre de 1973, hasta su ejecución en 1975.

El resto del documento de Sancho abunda mucho sobre las virtudes de Dalton como revolucionario "consecuente, sin vanagloria, es decir, humilde y disciplinado". Ahora viene la parte fea del asunto, cuando el autor da su visión sobre el asesinato del poeta. Acusa a Sebastián Urquilla de urdir maniobras para adueñarse del ERP. Él y sus seguidores buscaban "dar un golpe de Estado contra la Dirección" de la organización guerrillera, que contemplaba "la eliminación física de todos los oponentes".

Según Sancho, en el "juicio" contra el poeta y "Pancho", él se quedó solo contra un grupo de acusadores, entre los que estaba un tal "Carlos Portillo" ("quien fue asesinado posteriormente por sus mismos compinches", señala el entonces comandante), Sebastián Urquilla, el propio Sancho y un personaje llamado "René Cruz", que no es otro que Joaquín Villalobos.

Hay dos partes sumamente dramáticas en el informe de Sancho. Después de que, contra los supuestos alegatos de este último, la dirección del ERP decide asesinar al poeta, se designa al verdugo: "René Cruz", quien, según el documento, lo asesina por la espalda. Sobre la culpabilidad de Villalobos en el hecho, no ha habido mayores controversias.

La segunda parte que tiene un gran dramatismo es el cierre del informe, en el que la condena a "René Cruz" está fuera de toda duda y es planteada casi como un asunto personal -porque, de algún modo, lo era-. Dice Fermán Cienfuegos, lanzando una premonición amenazadora: "Esa es la historia de los últimos días de nuestro compañero Roque y Pancho, un problema que tendremos que resolver cuando hagamos la Revolución en nuestro país y que para entonces esperamos que aún estemos los dos testigos: René Cruz y yo..."

Poco a poco el crimen se transformaría en obra de una "camarilla" por un simple "error de juventud". Los dos hombres que se verían cara a cara para solventar ese capítulo pendiente, terminaron sentándose en la misma mesa de negociación.»[1]

---

[1]Homenaje a Roque Dalton - Cultura Número 89 Enero-Abril 2005 - Revista del Consejo Nacional Para la Cultura y el Arte - San Salvador, El Salvador, Centroamérica
http://www.uca.edu.sv/filosofia/admin/files/1276360014.pdf

Mélida Anaya Montes

«En la madrugada del 6 de Abril de 1983, tres hombres se desplazaban de manera sigilosa por los patios, veredas y predios baldíos aledaños a la Carretera Sur en los alrededores de Managua, la capital nicaragüense. Iban vestidos con ropas oscuras, zapatillas, guantes y pasamontañas. Solo los grillos y los ladridos de los perros, rompían la quietud de la calurosa noche.

Llegaron a Montefresco, una elegante zona residencial en el kilómetro quince y medio de la Carretera Sur. Escurridizos, bordearon muros y terrenos, y penetraron en una espaciosa casa con el número ciento veintiocho. No tuvieron ningún problema para ingresar. Desde adentro les habían dejado abierto el portón que da al patio y la puerta de entrada a la casa. No se escuchaba ningún ruido. Todo estaba oscuro. En la sala de estar, una mujer les señaló una habitación. Los tres sujetos avanzaron, sin decir palabra. Abrieron la puerta de la alcoba y alcanzaron a ver a la persona que solitaria dormía en su cama. Era una mujer de 54 años.

Los tres sujetos se hicieron señales. Sacaron de los pequeños bolsos que llevaban terciados navajas y picahielos. Blandieron las cortantes armas en sus puños. Uno de ellos se abalanzó sobre la mujer, le sujetó la cabeza mientras le tapaba la boca, otro la sostuvo por los pies, inmovilizándole las piernas, mientras el tercero, con brutales impulsos de su mano, le hundía una y otra vez un picahielos en el tórax. La sangre que brotaba de las diminutas pero profundas heridas manchó poco a poco la ropa de dormir de la mujer. Para rematarla un segundo miembro degolló a la mujer con una navaja. La sangre brotó a borbotones. Eran las dos y treinta de la madrugada. El crimen se llevó a cabo el 6 de abril.

La fiscal del caso, la abogada Ninoska Argüello, expresó en su acusación que la muerte de Mélida Anaya Montes "fue provocada por ochenta y un punzadas, siendo degollada posteriormente"».[1]

---

[1]Librería Histórica El Torogoz
http://eltorogoz.net/melida_anaya_montes.htm

Comunicado de las Fuerzas Populares de Liberación (FPL) Sobre el Asesinato de Mélida Anaya Montes

"Como resultado de las investigaciones y valoraciones sobre el doloroso y repudiable asesinato de la compañera Mélida Anaya Montes, comandante Ana María, y el suicidio de Salvador Cayetano Carpio, Marcial, el Consejo revolucionario de las FPL concluyó lo siguiente:

Que Salvador Cayetano Carpio, quién era nuestro primer responsable y comandante en jefe de las Fuerzas Populares de Liberación, entró en los últimos años en un proceso de descomposición ideológica y política, que lo llevó a serias deformaciones y desviaciones que culminaron con el asesinato de la compañera Ana María, del cual fue el principal promotor y responsable."[1]

---

[1]Comunicado de las Fuerzas Populares de Liberación (FPL) Farabundo Martí del 9 de diciembre de 1983

Lucas, Ethel Pocasangre Campos e Isis Dagma

"Entonces dígale a Milton que él y Salvador Sánchez Cerén son unos cobardes y que coman mierda. Dígale que me dé la cara y que me explique por qué las FPL (Fuerzas Populares de Liberación) mataron a mi hermano, Lucas, combatiente de las Fuerzas Especiales Selectas de la guerrilla allá en San Vicente. Semanas después, el hombre leyó en un periódico un editorial titulado "Usted debe responder señor Sánchez Cerén" en el que el autor de estas líneas aludía a varias de las ejecuciones sumarias realizadas por las FPL, en contra de sus propios combatientes, en el frente para central.

Ethel Pocasangre Campos, (Crucita), y su hermana Isis Dagma, (Sonia), se integraron a las FPL en los años sesenta. Ethel era Psicóloga y trabajaba en la UCA. Isis era doctora en medicina, tenia cabellos castaños y ojos claros. Ambas fueron enviadas a la zona guerrillera de San Vicente. Los colegas alumnos y compañeros de militancia de Ethel la consideraban un ángel por su delicada belleza, su dulzura y su entrega a la lucha revolucionaria. Isis, por su parte, exponía su vida en las líneas de fuego para salvar la de los combatientes heridos.

Ethel fue acusada de traición por el mando de las FPL en el frente para central. El 22 de septiembre de 1986, en un punto ubicado en el cantón San Bartolo, cerca del cerro Buena Vista, en la jurisdicción de San Vicente, los propios jefes guerrilleros la amarraron y la tumbaron semidesnuda sobre un lodazal. Durante varias horas la torturaron, golpeándola con un garrote de guayabo, mientras exigían que confesara y entregara a sus presuntos cómplices. Después fue ejecutada y enterrada en una fosa junto a otros quince combatientes asesinados de la misma manera ese mismo día.

Isis se detectó un quiste en las mamas estando en este mismo frente, pero sus jefes le dijeron que se trataba más bien de un problema ideológico y que en realidad lo que tenía era miedo. Su salud comenzó a deteriorarse rápidamente y solo entonces la enviaron a Cuba. El cáncer estaba ya demasiado avanzado y fue desahuciada. Murió en 1991. Antes, la madre de ambas, doña Clelia Campos de Pocasangre tuvo noticias del asesinato de Ethel y en 1987, le envió una carta al máximo comandante de las FPL, Salvador Sánchez Cerén, pidiéndole una explicación y que entregara los restos de su hija. Hasta la fecha, Salvador Sánchez Cerén no le ha respondido."[1]

---

[1]"Grandeza y miseria en una guerrilla" - Informe de una matanza por Geovani Galeas y Berne Ayalá - 24 de noviembre de 2008 - http://www.scribd.com/doc/12950803

Mi madre, Rosa Amalia Molina, me llevó —como un regalo— a la Foto Sol de San Salvador en donde me tomaron esta foto el día 29 de enero de 1948.

Segunda Parte

Notas para la autobiografía de un desconocido

Introducción

Las notas para la autobiografía de un desconocido son los breves sucesos escritos por si mismos y relatados en tercera persona por su autor.

En este devenir del desarrollo humano, el vencedor ha escrito la historia deformándola intencionadamente a su antojo. Se da por sentado que sólo los hombres y mujeres célebres que han dejado huella en el transcurso de su vida tienen el privilegio de escribir sus memorias, independientemente de su condición económica, política, ideológica y social.

Puede afirmarse que a nadie puede interesarle la vida de un ignoto o ¿puede ser que sí? Lo correcto es ganar todo por mérito propio. Muchos no lograron escribir sus auto-semblanzas, pero ha habido biógrafos que, por dinero y en defensa de sus intereses de clase, trazaron esas crónicas y falsearon los hechos.

Todo ser humano tiene el deber y obligación de investigar, poner en tela de juicio todas las mentiras que la seudo historia nos cuenta y polemizar con todo lo que no acuerde. Comprobar la verdad en el campo de la legítima historia, la política, la ciencia y así combatir la bola de invenciones impúdicas de la clase capitalista debe de ser el interés del ser racional.

1

Los revolucionarios

Hay personas que en su momento histórico no supieron estar a la altura real de los principios morales. En defensa de su interés egoísta de clase, individuos como Mao Tse-tung, Iosif Vissarionovich Stalin (Koba), Josip Broz Tito y Fidel Alejandro Castro Ruz traicionaron a la clase trabajadora.

Las personas que lucharon y luchan honestamente a favor del proletariado han sido vilipendiadas hasta nuestros días. Hablar de estos ilustres es un deber moral.

John Reed —ese gigante gringo que es un tabú en su país— nació en Portland, Oregón, Estados Unidos de América (EAU). Egresado de la Universidad de Harvard, fue el escritor de "Diez días que estremecieron al mundo".

Carlos Marx fue un filósofo, sociólogo, economista y político. Junto con el lúcido cerebro de Federico Engels, binomio de sabios, fueron ejemplo de compañerismo, defensores de la clase obrera mundial y científicos sin parangón. Desde 1848, con la redacción del primer documento programático del partido del comunismo científico, la burguesía se atemorizó y hasta hoy sus retractores y acérrimos enemigos siguen calumniándolos.

Pero este análisis no es completo si no mencionamos a Vladimir Ilyich Ulyanov Lenin. Hay que quitarse el sombrero y hacer la venia en memoria de tan ilustrísimo docto. Lenin usó su inteligencia para escribir la teoría que el proletariado necesitaba entender como su instrumento para organizar su propio partido político para derrocar a la burguesía y hacer la revolución social.

Y para cerrar con broche de oro es justo y necesario mencionar a Lev Davidovich Bronshtein (León Trotsky), epígono del marxismo revolucionario. "Mi vida", autobiografía del célebre León Trotsky, es una de las mejores del mundo. Esto no es un invento, lo pueden atestiguar los prestigiosos académicos de las letras, comunistas o anticomunistas. El único requisito es que hay que ser íntegro en la opinión para afirmar la verdad.

No olvidemos la "Historia de la revolución rusa", otra obra épica de la literatura mundial en la que Trotsky narra los hechos que hicieron la historia como uno de sus personajes.

Hablar de los insignes de la historia es emocionante. El cerebro fluye en un alud torrencial de argumentos incontenibles que uno desea manifestar, pero siempre queda algo en el tintero.

2

Los Reagan: Momias de la decadencia de la burguesía

No ha sido el objetivo desviar al lector, pero las semblanzas anteriores son tan necesarias como inevitable es el argumento del autor acerca de las patrañas históricas. Para sostener esta tesis, expone lo siguiente.

El fallecido Ronald Wilson Reagan fue un individuo de pensamiento de la edad de piedra; estudiante de intelecto mediocre graduado en Eureka College con un promedio deficiente; soldado fracasado; actor grisáceo de segunda categoría; comentarista de radio de tercer nivel; sindicalista retrógrado; mal gobernador; presidente de entendimiento limitado y torpe; dogmático, cínico y embustero. En su paternalismo escondía la hipocresía de un haragán que solía agarrar constantemente reparadoras siestas y acostumbraba quedarse dormido en las reuniones de gabinete. En las conferencias mundiales, disfrutaba de contar chistes y anécdotas de mal gusto.

Sus lacayos intelectuales le atribuyen cosas que nunca hizo: "Rudo y afable negociador que manipuló a Gorbachev, provocando el colapso de la economía soviética". "Vencedor de la guerra fría y sepulturero de la Unión de Repúblicas Socialistas Soviéticas (URSS)". "Reagan resultó ser nuestro Churchill". La colonizadora Margaret Hilda Thatcher dijo: "Reagan ganó la guerra fría sin disparar un solo tiro". Pero Reagan fue un imbécil que ni siquiera tuvo una pizca del cerebro que tuvo Nicolás Maquiavelo, quien vivió cuando todavía se pensaba. Maquiavelo fue doctor en jurisprudencia, empleado público; filósofo, político, estadista, diplomático, estratega militar, escritor, historiador, dramaturgo y poeta. Sus detractores implacables han dicho: "tienes mente maquiavélica", sugiriendo así que Maquiavelo era como una persona de ideas malignas. Observando a Reagan y Maquiavelo, llegamos a la conclusión de que Maquiavelo fue un sabio y que Reagan, un retrasado mental, fue su antípoda.

John Major, primer ministro del Reino Unido, demostró tener el talento que Reagan no tuvo. John dejó la escuela primaria a los 16 años, obligado por problemas económicos, pero estudió un curso de contabilidad por correspondencia. Su ambición le llevó a ser un líder del Partido Conservador y Secretario Jefe de la Tesorería.

El flamante Ronald Wilson Reagan fue mentor de Saddam Hussein, Margaret Hilda Thatcher, Karol Józef Wojtyła —el bruto anticomunista Juan Pablo II— y George H. W. Bush. Pero, ante todo, fue un combatiente acérrimo a favor de la burguesía. Esta es la razón por la que se hizo padrino de los líderes burgueses y católicos de la contrarrevolución nicaragüense que organizó la Agencia Central de Inteligencia (CIA) bajo su gobierno. Recordemos su participación en el escándalo Irán-Contra y la invasión de Grenada.

Su deficiencia mental como lacayo de la burguesía, le llevó a bombardear, invadir países y matar al proletariado como un pirata imperialista del siglo XX. Podemos caracterizar a Reagan como un depredador que usaba una figura de magnánimo para esconder su hipocresía. Contar sus mentirosas anécdotas y chistes de mal gusto fue su argucia para manipular su falsa imagen de encantador letal. Esto le servía para ser admirado y adulado por los estúpidos.

Su consciente insensato se satisfacía imponiendo la impresión de ser una persona normal. Pero su talento de psicópata le condujo a matar y engañar. Sin importarle si le descubrían o era desafiado con la verdad, inventaba nuevas mentiras o se hacía el desentendido. Entonces, podemos determinar que Reagan fue un psicópata encantador de idiotas.

Para amolar, su esposa, la desgraciada viejita Nancy Davis Reagan, igualmente fue actriz de mala reputación. Ella frecuentemente consultaba con una astróloga para dirigir el destino de la Casa Blanca. Teresa de Calcuta se ha ganado un mejor lugar en la historia que este ignorante vejestorio. Rosa Luxemburgo superó y aplastó a las dos ancianas cavernarias, es decir, Nancy y Teresa.

Los Reagan publicaron sus memorias en las que relatan su vida en la Casa Blanca, ¡qué desfachatez! La editorial Harper Collins de Nueva York compró, por siete millones de dólares, sus estúpidas memorias en las que incluyen sus condecoraciones. Nancy fue condecorada con la medalla presidencial de la libertad y los dos recibieron la medalla de oro del Congreso de los imbéciles de los Estados Unidos de América (EAU). Ronald y Nancy Reagan: sombríos personajes, rotundo fracaso histórico y ¡el colmo de los colmos!

3

El perfecto desconocido

Un libre pensador

El autor de estas notas es un libre pensador independiente, irrespetuoso e irreligioso. Igualmente, es un antagonista de Dios-Jesucristo y acérrimo adversario de la auténtica injusticia practicada por la burguesía contra la clase trabajadora. Sin limitaciones para soltar la lengua, no necesita la ayuda de escritores piratas para expresar sus ideas en su irónico estilo. La polémica es su cualidad y su regla de conducta llamar al pan, pan y al vino, vino. En consecuencia, toma su derecho democrático de decir cuántas son cinco siempre y cuando todo lo que diga sea congruente y veraz.

El perfecto desconocido es un proletario y escritor autodidacta que usa su pluma para defender los derechos de los proletarios, las mujeres, los niños, los ancianos y los homosexuales.

Aborrece las brutales corridas de toros en cualquier plaza y la medieval fiesta anual de San Fermín —en la ciudad de Pamplona, Navarra, España— durante la cual un grupo de turistas anormales corre delante de los toros. El toro es un animal generoso y servicial que es sometido a la crueldad de la inserción de alfileres en sus órganos genitales y el orificio del recto, y, en algunas ocasiones, untado con capsaicina (picante) antes de matarlo. Este es un delito imperdonable del primitivismo del capitalismo.

Un corazón que ha latido

El perfecto desconocido carece de preocupación constante y angustia por su salud. Le importa poco si al dejar de vivir será por cáncer en los pulmones o en la próstata; ataque cardíaco o padecimientos paradigmáticos de la mente: Parkinson o Alzheimer.

La hipocondría es una tribulación habitual de los viejos a las enfermedades influenciadas por la creencia mítica en Dios convertida en temor a su decisión de "salvación o condena eterna" de su alma después de su muerte. Con una mixtura del camino de la fe e ideales quiméricos, la Iglesia continúa imponiéndose como la instructora de una doctrina necesaria para la vida humana. Esta irracionalidad inventada por los líderes del oscurantismo es usada por el Estado para controlar y subyugar el cerebro de la sociedad al patriotismo.

En el transcurso del tiempo, fallecer es consecuencia lógica de la misma vida que es un proceso dialéctico. Cada quien tiene sus propias células, su peculiar ADN y su distintivo auto-dinamismo que es la fuerza que procede de su cerebro y sí mismo. Entonces, todos tienen su vida en particular que es una cadena de procesos internos y externos en constante cambio. Es decir, la vida es la unión de fases que surgen de las combinaciones de unas y otras; se contradicen y transforman. En el cambio cuantitativo se manifiestan las enfermedades y en el cambio cualitativo surge la vida o la muerte.

La vida es la lucha diaria por la muerte que, en un momento dado, llegará a expirar en un final que es ineludible, pero que generará nuevamente un principio que es irrepetible en otro nivel. Pero esta conclusión no es un relato del "tiempo fabuloso de Dios", la ficción "de tierra eres y en tierra te convertirás", o la disyuntiva "cielo o infierno". Este raciocinio es producto de la inteligencia, no de la imbecilidad que fomenta la religión.

El perfecto desconocido, de 71 años, tiene un corazón que ha latido cerca de 2,688,945,120 veces. ¡Admirable, bienvenida sea la muerte!

Un niño que nunca bebió leche

En contexto, "Las notas para la autobiografía de un desconocido" son las huellas de la breve historia del autor del polémico ensayo "El Salvador: La traición del Frente Farabundo Martí para la Liberación Nacional (FMLN)". Los narrados no son acontecimientos ejemplares o significativos; tampoco son una exposición única. Ellos no establecen similitud con la experiencia de los proletarios secuestrados, desterrados y asesinados por la dictadura de la burguesía y el imperialismo yanqui. El autor nunca ha sufrido ningún vejamen de parte de los esbirros, pero no está exento de ello.

Estas líneas solamente son una narración coloquial; sin embargo, es verdadera porque es el resultado de situaciones históricas —económicas, políticas, ideológicas y sociales— que determinan la existencia de las clases y las condiciones del nacimiento de una persona en determinado tiempo y lugar.

Pobre por estirpe, de familia matriarcal e indio mestizo. De niño nunca bebió leche, solamente café. Padeció desnutrición y reumatismo. Es sobreviviente de las contagiosas enfermedades de la poliomielitis y tuberculosis pulmonar. En el invierno, al arribar la noche, le dolían las canillas, lo cual era un sufrimiento desesperante. Su llorar enfadaba a sus familiares, quienes le daban de cinchazos. Este castigo le calentaba el cuerpo y, poco a poco, mitigaba su lamento hasta que se quedaba dormido.

San Salvador

En 1948, por primera vez, su mamá le llevó a San Salvador. Aquel día, el sol quemaba la superficie del suelo en el centro de la capital. El ardor penetraba las plantas de sus pies descalzos, por lo cual suplicaba a su madre caminar por la sombra.

En la esquina de Goldtree Liebes, vio a un policía de tráfico, bajo una gran sombrilla, pacientemente leyendo un periódico. Años después comprendió que la placidez del policía se debía a la lentitud del tránsito de vehículos en ese tiempo.

A mediados del año 1950, su progenitora se mudó a San Salvador definitivamente. Entonces, contaba con seis años y medio, pero no sabía leer ni escribir. En casa, fue su aprendizaje un tortuoso camino porque el cipote era poco inteligente y rudo como una mula. De golpe en golpe sobre la cabeza, al final, aprendió.

Su primera morada fue un mesón detrás del regimiento de caballería (casamata).

Su hermana, Lilian, era doce años mayor que él y graduada en taquimecanografía. En ese tiempo, ella asumía los gastos del hogar trabajando de vendedora de mostrador en un almacén de explotadores árabes llamado Bahía y Compañía. Después de un tiempo, Lilian laboró en el almacén París Volcán.

De esa fase, recuerda a sus perritos Vulcano y Peor Es Nada, los cuales, después que murieron, fueron enterrados con flores y honores por toda la cipotada del mesón.

Primer grado de primaria

Su madre le matriculó, en 1951, en el primer grado de primaria en la Escuela República de Chile. Ésta estaba ubicada en el edificio antiguo que no tenía la fachada de hoy —que también ya es vieja— pero está en el mismo lugar. Su profesora se llamaba Carmen Martínez. Sus condiscípulos le dieron una tremenda vapuleada, dejándole con su cabeza ensangrentada. Ese año lectivo y el siguiente fue aplazado.

Su madre, Rosa Amalia Molina, decidió pasar a vivir a otro mesón situado en la Novena Calle Oriente, Número 95, Cuarto Número 4. Hoy en día, es la casa con el número 617, cerca del Parque Centenario. Cuando vivía ahí, bañarse domingo y jueves, con derecho de agua de 6:00 AM a 9:00 AM, era el reglamento de los dueños. Al final de todas las habitaciones, se encontraba el escusado de fosa, eternamente desaseado con su putrefacto mal olor y las repugnantes cucarachas por doquier.

Un día, caminando de la escuela a casa, fue atropellado por un carro. Afortunadamente, el impacto no causó efectos lamentables, sólo un par de rasponazos. En casa guardó silencio, pero su mamá supo del accidente cuando el chofer del carro llegó a preguntar por su salud. Por ese accidente recibió un regaño severo.

Un domingo, al despertar por la mañana, su perra Zarca había sido muerta por un carro. Lloró y lloró tendidamente ante el animalito en compañía de su amigo Roberto.

En ese tiempo, su mamá, que en muchas ocasiones había trabajado de sirvienta, laboraba de costurera en el taller del aprovechado empresario Rogelio Samour, fulano sanguijuela de origen árabe. Su abuela materna, Rosa del Carmen Molina, trabajó para la familia Montes Umaña de Santa Tecla como la criada preferida hasta que murió. Posteriormente, Eduardo Montes Umaña, quien había sido su patrón, fue designado como Ministro de Agricultura y Ganadería por el directorio cívico militar.

Su madre decidió inscribirle en la Escuela Francisco A. Gamboa, en 1953. Ahí aprobó el primer grado de primaria y todo el período lectivo fue el primero de la clase. Siempre recuerda a su profesora, Sara Revelo de Espinoza, quien fue la única que supo ayudarle. Ella le enseñó a quitarse el miedo y así aprendió a leer de corrido y escribir rápido. Comprendió la suma, la resta y contaba números infinitamente. En su certificado, recibió calificación de excelente o diez. En la renglonadura de observaciones estaba escrita la que decía: "Actitud para las Ciencias Sociales". Este galardón acaeció en septiembre de 1953, faltando pocos días para cumplir los diez años. La mencionada mentora no se equivocó, las Ciencias Sociales han sido su inclinación vehemente de toda su vida.

El "Pericullo"

Su segundo grado de primaria, en 1954, fue más o menos sosegado, con un promedio de calificación normal, bajo la tutela de su profesora María Teresa de Flores. Le desagradaba tener de amigos a niños virgitos, por lo cual se unió a muchachos fogosos.

Amante del fútbol, el Club Atlético Marte, campeón nacional, era su equipo. Una vez, en el Parque Centenario, Mario Osorio, jugador del Marte, quien después fue diplomático, le vio jugar y le puso el mote de "Pericullo". Este era el apellido de un jugador argentino que era miembro del mismo equipo.

Disfrutó tardes completas en el Estadio de Flor Blanca. Ahí, los cipotes entraban gratis siempre y cuando fuesen acompañados por un adulto. En el Domingo Sabio, para poder jugar, los estudiantes tenían que asistir a misa antes del juego. Fue asiduo visitador de las canchas El Zapote y El Polvorín, en su etapa de capeador.

Cerca del mesón donde vivía con su familia en la Doceava Avenida Norte y Novena Calle Oriente—, el pavimento servía de cancha de balompié. Este deporte, a veces, se jugaba con una pelota hecha de trapo. Algunos cipotes jugaban descalzos y otros calzados. El dueño del balón siempre decidía quién jugaba. Esta calle también se utilizaba como la plataforma de boxeo donde los contrincantes, cipotes y adultos, dirimían sus controversias a vergazos. Ahí también se jugaban juegos como Mica Oso —que consistía en golpear con fuerza a otro con una pelota de trapo—, Ladrón Librado, Vaqueros y Chibolas.

En el Parque Centenario, los jueves y domingos eran días de deleite para el oído porque la Banda Militar de El Salvador o la Marimba Cuzcatleca daban conciertos de las 6 de la tarde a las 9 de la noche. El parque también era punto de encuentro de los novios de manitas sudadas que caminaban entre las sombras de los postes de luz. Las cipotas con los brazos entrelazados caminaban en sentido contrario a los chabacanos que querían enamorarlas. En ciertas ocasiones, los chabacanos hacían la bayunca broma de correr en sentido contrario a las cipotas para dispersarlas sin ton ni son.

Con las manos en alto

Cuando pasó al tercer grado de primaria en la Escuela Francisco A. Gamboa, en 1955, empezaron los problemas. Despertó a la pubertad y empezó a experimentar los cambios en el funcionamiento de sus neuronas sin que nadie se los explicara como parte de su educación científica. Tal vez por esto, se convirtió en un cipote díscolo con ausencia frecuente en la escuela. El castigo nunca lo docilitó; al contrario, endurecía su carácter de golfo. En la escuela, le colocaban en cuclillas en un sitio reducido con las manos en alto o sosteniendo un ladrillo o piedra con sus manos con sus brazos estirados hacia adelante. Nunca lloró o pidió perdón a los ejecutores de tan despiadada disciplina, común en ese tiempo.

Su mamá era incapaz de reprimir su conducta de pésimo estudiante. Y su profesora, Marta Elba Salazar, le apodó "cabeza de alcornoque" por no poder asimilar las matemáticas. Dicho sobrenombre también le fue puesto por la controversia que creó en la clase de Ciencias Naturales acerca del término "culantro" o "cilantro". La profesora sostenía que "culantro" era una palabra incorrecta a lo cual él replicó que no, causando el sentimiento de humillación de su mentora y su repugnante respuesta. A pesar de todo, fue promovido al cuarto grado.

En una ocasión, con su pluma fuente pringó implacablemente la camisa blanca, nueva y de marca "Arrow", a un profesor llamado Tito Huezo. Éste le había castigado injustamente, forzándole a estar en cuclillas toda una tarde y expulsándole de la escuela. Este castigo terminó hasta que su mamá se presentó con él ante el director de la escuela. Las expulsiones se repitieron muchas veces porque era un capeador empedernido.

Su procedimiento le llevó a conocer al músico y compositor más importante de El Salvador, Pancho Lara. Ese día, en que se encontraba de vago en el Parque Centenario, por iniciativa propia, un señor se sentó a su lado y se inició una conversación sencilla y agradable. Ese momento nunca lo ha olvidado.

Periodista y poeta

De niño, quería ser periodista y poeta, pero su madre le aconsejó lo contrario. Periodista no porque tendría que pasar toda la vida humillado, escribiendo a favor del gobierno para poder ganar unos miserables centavos. Tampoco poeta porque era una misión imposible, ya que los poetas como Rubén Darío, Alfredo Espino y Amado Nervo nacen por designio de Dios. Había sido un propósito de Dios dotarles con talento poético. Entonces, su yo de niño pensó: ¿por qué Dios me hizo bruto, sin entendimiento? Su madre insistía en decirle que tendría que ser tipógrafo, que era el oficio de Virgilio, su padre. Si no, telegrafista o, de perdida, mecánico. Es decir, Dios le había escogido para ser obrero.

Ser un célebre poeta no es obra de Dios, sino que del cultivo y ejercicio de las facultades intelectuales del cerebro. Estas actitudes pueden ser desarrolladas por cualquier persona que se dedique a cultivar su talento poético, disciplina o ciencia.

A pesar de todo, al cipote le gustaba hacer acrósticos. No es un hombre de letras, tampoco es intelectual, pero sabe que el deber de un revolucionario es intelectualizarse para conocer la realidad. En vista de ello, sin pedir permiso a los poetas y escritores, ha hecho poesía que mantiene inédita. Sin embargo, publica en este libro algunos de sus poemas para someterlos a la crítica del lector. Si alguien dice que es un poetastro, no respondería porque no se sentiría ofendido por la verdad. Podría ser un proletario que quiso ser poeta o un proletario que quiso ser periodista o escritor.

La inspiración es brote del cerebro. Los sentimientos del ser son los que forman la inspiración. Claro está que no es una iluminación de Dios, sino que ideas agolpadas en el yo, en un estado de ánimo dado, sometidas a la influencia de una fuerza propia nueva. Es una imaginación llevada a la realidad escribir poesía en cualquiera de sus géneros. Esta es la existencia efectiva del intelecto sin Dios.

Señora proletaria engañada por Dios

Su progenitora, Rosa Amalia Molina, fue una humilde señora proletaria de rostro serio y carácter dominante sin frivolidades. Asimismo, de limitado conocimiento; por tanto, su razonamiento era lineal y alcanzaba solo hasta la punta de su nariz. A esta condición, ella agregaba el dogma católico para creer en hechos inverosímiles que impuso a su hijo como la obligación de dar por cierto que San Miguel Arcángel era su santo. Ver la imagen de este llamado santo en la pared a él le producía antipatía, pero no se lo podía decir a su mamá por temor a que le castigara.

Ella, durante la semana santa, habitualmente visitaba la Iglesia de San Francisco en donde se deleitaba oyendo los sermones del párroco, Monseñor Francisco José Castro y Ramírez, acompañada de su hijo. Obligado, el cipote escuchaba al arrogante sacerdote que le confesó para que pudiera recibir su primera comunión. Este cura era un colaborador del "Diario de Hoy", defensor de la oligarquía salvadoreña y enemigo de la clase trabajadora.

A pesar de la opresión intelectual que el Estado y la Iglesia imponían sobre ella, Rosa Amalia solía leer en demasía, costumbre que heredó a su hijo. Pero las nociones que pudo haber adquirido por medio de la lectura no fueron suficientes para responder lógicamente a la problemática religiosa y política del mundo en que nació y, por tanto, no se puede inculparla. No es Dios el que proyecta o marca la vida del ser humano. Todos estamos supeditados a los procesos históricos —económicos, políticos, ideológicos y sociales— de la vida impulsada por la lucha de clases. Conociéndolos y transformándonos es como forjamos nuestra conciencia de clase proletaria y el porvenir de la humanidad.

4

Sucesos históricos

El perfecto desconocido vivió su niñez en el ambiente que los cambios en la naturaleza y la lucha de clases crean en la sociedad. Los sucesos siguientes, que tocaron su vida en forma de noticias, más tarde los comprendería de acuerdo a su significado político.

1948

🖎 Después de haber cumplido 5 años de existencia, los "militares jóvenes" de El Salvador dieron un golpe de Estado en contra del presidente Salvador Castañeda Castro. Los autores designaron a su acción "La Revolución de 1948". El Capitán Mayor Óscar Osorio Hernández asumió la dirección del gobierno provisional denominado "Consejo Revolucionario de Gobierno" hasta 1950 cuando fue elegido presidente. Los militares iniciaron ciertas reformas que contradijeron la masacre que su colega, el general Maximiliano Hernández Martínez, dirigió en 1932 como la reforma sangrienta de la relación del Estado burgués con el campesinado. Este militar también asumió la presidencia como resultado de un golpe palaciego. Jóvenes o viejos, los militares no extirparon la raíz de la miseria, causada por la burguesía, que todavía consume a la mayoría de las niñas y los niños de la clase proletaria.

1951

🖎 El terremoto que devastó las ciudades de Jucuapa y Chinameca obligó el cierre de la escuela. Su abuela materna,

Rosa del Carmen Molina, aprovechó esta circunstancia para llevarle a casa de su tía abuela, María Inés Molina, en la ciudad de San Miguel, a tomar unas vacaciones. En esta ciudad, el cipote vio los efectos del terremoto en el sufrimiento de los damnificados que fueron obligados a emigrar por la catástrofe. Los damnificados por causa de la avaricia de la burguesía que controla el sistema capitalista continúan existiendo y son la mayoría de la sociedad.

La Catedral Metropolitana de San Salvador fue consumida por un incendio que empezó en el Teatro Nacional el 8 de agosto. El Diario de Hoy reportó que los capitalinos se vistieron de luto por la desaparición del templo del paisaje urbano de la capital.

1953

El General Dwight David "Ike" Eisenhower, orejas de marciano, fue elegido presidente de los Estados Unidos de América (EUA) como resultado de su cruzada en contra del "Comunismo, Corea y la corrupción". Ike se distinguió por su doctrina militar de "Represalia Masiva" para intimidar con armamento nuclear a los presuntos enemigos de la burguesía imperialista cuyos intereses defendió con fiereza.

Murió Iosif Vissarionovich Stalin (Koba) acerca de quien Lenin dijo: "Stalin es demasiado brusco, y este defecto, plenamente tolerable en nuestro medio y en las relaciones entre nosotros, los comunistas, se hace intolerable en el cargo de Secretario General. Por eso propongo a los camaradas que piensen la forma de pasar a Stalin a otro puesto y de nombrar para este cargo a otro hombre que se diferencie del camarada Stalin en todos los demás aspectos sólo por una ventaja, a saber: que sea más tolerante, más leal, más correcto y más atento con los camaradas, menos caprichoso, etc. Esta circunstancia puede parecer una fútil pequeñez. Pero yo creo que, desde el punto de vista de prevenir la escisión y desde el punto de vista de lo que he escrito antes acerca de las relaciones entre Stalin y Trotsky, no es una pequeñez, o se trata de una pequeñez que puede adquirir importancia decisiva". Koba usurpó el poder del Estado para convertirse en un tirano, genocida y traidor del proletariado. Este asesino de León Trotsky probablemente hizo un pacto con los líderes imperialistas, Sir Winston Leonard Spencer-Churchill y Franklin Delano Roosevelt, en las conferencias de Postdam y Yalta para usar el poder intimidatorio del Estado para reprimir el movimiento del proletariado mundial hacia la revolución social a cambio de un botín.

🖎 Julius Rosenberg y Ethel Greenglass Rosenberg fueron ejecutados en la silla eléctrica acusados de espionaje por el Gobierno de los EUA.

🖎 La guerra del Imperio Yanqui contra Corea la dividió en base al paralelo 38 y la alianza ilícita de los genocidas estalinistas que administraban el Estado ruso y los maoístas que administraban el Estado chino con el beneplácito de la Organización de las Naciones Unidas (ONU).

1954

🖎 Se realizaron los VII Juegos Centroamericanos y del Caribe. El Salvador ganó el título de campeón de fútbol en México, dejando en el camino al país anfitrión y al equipo colombiano.

🖎 La Agencia Central de Inteligencia —CIA por sus siglas en inglés— de los EUA derrocó al gobierno nacionalista de

Jacobo Árbenz Guzmán en Guatemala por orden del cártel imperialista de la United Fruit Company.

🐜 Cuando tenía 11 años, vio en el Cine Popular de San Salvador el estreno de la película "Cuando Ruge la Marabunta". Ésta cuenta la historia de un terrateniente que posee una plantación de cocoa que es invadida por un ejército de hormigas rojas que devoran con avidez todo lo que encuentran en su camino, destruyendo y sembrando el pánico súbito. El comportamiento de las hormigas guerreras pareció impresionar la mente de algunos jóvenes que vieron la cinta y desde entonces la pacotilla de bayuncos —que se reunía en las esquinas de las calles con el afán de chabacanear— empezó a llamarse "marabunta". Los que jugaban balompié en la calle hicieron lo mismo, pero al ver que la palabra era de pronunciación larga desistieron de su uso completo y la acortaron a "mara". Este es el origen etimológico e histórico de esta palabra. Hoy en día, en El Salvador y demás países centroamericanos, las "maras" son pandillas de parásitos lumpen proletarios engendrados por el capitalismo que viven del crimen y el terrorismo.

1955

🐜 María Isabel "Maribel" Arrieta Gálvez fue electa primera finalista en el concurso Miss Universo que se realizó en Long Beach, California. La Prensa Gráfica de San Salvador describe este suceso así: "En los militarizados años cincuenta, un terremoto echó por tierra a los poblados de Jucuapa y Chinameca. Y para agravar el panorama nacional, el precio del café también se vino al suelo. Lo más bonito de esos años parece ser el triunfo de Maribel". Maribel fue novia del Ingeniero Enrique Álvarez Córdova. Veinticinco años más tarde, este miembro de la oligarquía cafetalera y líder del

Frente Democrático Revolucionario (FDR) fue asesinado por un escuadrón de la muerte al servicio de su clase el 27 de noviembre de 1980.

&. Juan Domingo Perón fue depuesto en Argentina por el golpe de Estado, llamado la Revolución Libertadora, dirigido por el General Eduardo Lonardi. Este golpe fue apoyado por el gobierno de los EUA y la Santa Sede. Eugenio María Giuseppe Giovanni Pacelli, el llamado Papa Pio XII, declaró la guerra contra Perón, con el eslogan de "Cristo Vence", porque éste había iniciado el proceso político para separar a la Iglesia Católica Colonialista del Estado. La caída de Perón fue el viernes 16 de septiembre de 1955. El domingo, La Prensa, en el espacio "El Colmo de Hoy", decía: "En Argentina, el viernes cayó Domingo".

1956

&. Rigoberto López Pérez, poeta nicaragüense, residente de San Salvador, se trasladó a Nicaragua. Ahí, tomó la justicia por su mano y ejecutó al general Anastasio Somoza García. "Tacho" era un lacayo del Imperio Yanqui corrupto, represivo y asesino. Rigoberto es recordado por algunos escritores como el autor de álbumes de poesía que escribió para su amor platónico María Isabel "Maribel" Arrieta Gálvez.

5

Héroes falsos de la burguesía

El aberrante pensamiento burgués condujo al uso de la palabra Cuzcatlán para nombrar casi todo y la perpetuación irresponsable del nombre Atonal o Atlacatl. Estos supuestos guerreros indígenas son mostrados como una veracidad histórica y símbolos precursores de su falso nacionalismo. Ambos personajes son inciertos, nunca existieron; por lo tanto, son una mentira histórica, un cuento de camino real. El patriotismo incitado por la burguesía conlleva a un concentrado chovinismo que produce el embrutecimiento del proletariado.

6

El "divino salvador del mundo"

La celebración del llamado "divino salvador del mundo" es un oprobio que data de la época en que se estableció la villa de San Salvador.

Anualmente, el 5 y 6 de agosto, las autoridades civiles y eclesiásticas del Imperio Español, la mal llamada madre patria, celebraban la victoria definitiva sobre el pueblo vernáculo. Esta fue la imposición del vasallaje humillante y la devoción a Dios mediante la intimidación. Los criollos, en su condición de súbditos del rey, renovaban su fidelidad a la monarquía exhibiendo la insignia real que era el símbolo del imperio ibero. Por esta razón histórica, la tradicional "bajada" o "transfiguración" de la supuesta imagen de cristo frente a la catedral metropolitana, es una tremenda desfachatez de la depravada Iglesia romana corruptora de menores.

En una ocasión, el maniquí del mentado "salvador", en el momento de la "transfiguración", se quedó trabado en la armazón de madera porque la polea no funcionó. En otra ocasión, la imagen casi cayó al suelo, detalle que la Iglesia aprovechó para justificar los errores cometidos diciendo idioteces tales como "el salvador del mundo está enojado con su pueblo, por eso no quería salir".

Apéndices

I. El Salvador:
   Un país robado por la burguesía
   y la Iglesia Católica Colonialista

II. Socialismo, democracia burguesa y
   "pueblo"

III. Enrique Álvarez Córdova:
   Un burgués reformista asesinado por
   su clase depredadora

IV. Óscar Arnulfo Romero y Galdámez:
   Mártir despreciado por la burguesía
   y la Iglesia Católica Colonialista

V. Poesía
   Homenaje a Roque Dalton García

I

El Salvador: Un país robado por la burguesía y la Iglesia Católica Colonialista

America Central geográfica —incluyendo a México, Belice y Panamá— es la región con más homicidios del globo terráqueo. Honduras es líder del desajuste económico de la delicia democrática capitalista. En este embrollo —económico, político, social y religioso— creado por la burguesía, el país más empobrecido es El Salvador o El Pulgarcito de América. Dios todo poderoso no lo podrá salvar jamás, a pesar de que el pueblo está sometido a su obediencia histórica. Actualmente, el 60% de sus ciudadanos son esclavos tributarios de la Iglesia Católica Colonialista (ICC) y el 40% son esclavos tributarios de la Iglesia Protestante. Este es un avasallamiento que embrutece su intelecto. Los únicos beneficiados de esta situación de esclavitud religiosa del proletariado son los usureros imperialistas, la burguesía, la Iglesia y los partidos políticos y sindicatos que viven de la explotación ideológica del proletariado y su contribución.

Para identificar el estigma de El Salvador, hay que conocer su historia. Dicen que es "el país de la eterna sonrisa". ¿Será por el hambre de los desposeídos? Mentirosos y ladrones gobiernan hacia un desaventurado destino a este país. Una anacrónica economía agrícola dominada por una burguesía semifeudal —estúpida, reaccionaria y religiosa— ha mantenido a los salvadoreños en el subdesarrollo histórico. A partir del comienzo de la década de 1960, quiso alcanzar la industrialización por medio del Mercado Común Centroamericano (MCCA) con la participación tramposa del Gobierno de los Estados Unidos de América (EUA). Este intento produjo un momento de expansión que no se convirtió en la solución del hambre producida por la desposesión. Este no era el fin del MCCA, sino que el enriquecimiento de los usureros imperialistas, la burguesía y el clero.

La guerra entre los gobiernos de El Salvador y Honduras, en julio de 1969, produjo una crisis en el proceso de integración económica que contribuyó al fracaso del MCCA. Este enfrentamiento irracional coincidió con la eliminatoria para la copa mundial de balompié de 1970 en la que los equipos de ambos países participaban. Al mismo tiempo, la preeminencia de los gobiernos de los países europeos contra las repúblicas descalzas produjo el mote racista "guerra del fútbol".

En la actualidad, a raíz de la insurrección de la pequeña burguesía representada por el Frente Farabundo Martí para la Liberación Nacional (FMLN) —con la intromisión contrarrevolucionaria de la ICC, el Imperio Yanqui y la Organización de las Naciones Unidas-ONU— los culminantes acuerdos de paz fueron un conjunto de traiciones y derrotas para el proletariado salvadoreño y mundial; una alevosía convertida en modificaciones de la mentira de un mismo poder que permaneció.

La oligarquía salvadoreña es de un linaje primitivo y la casta más atrasada en el continente americano. Las familias tradicionales —que confirmaron su dominio con la masacre campesina de 1932— ya no asumen el control absoluto del Estado. Ahora han revestido su dominio con una falsa democracia surgida de una "nueva" Constitución producto de la transferencia al FMLN de un espacio político que éste usa para mantener al proletariado como la clase esclava que produce la riqueza. La burguesía continúa apropiándose de estos bienes para mantener su vida, opulenta y estéril, y pagar los favores de sus agentes en el Estado, la Iglesia y el sindicato.

Hoy en día, la economía sigue funcionando bajo el dominio del arbitrio oligárquico. Al país han entrado compañías extranjeras asociadas con los antiguos poderosos que hoy se han transformado en acaudalados que trabajan en función del "bienestar del pueblo". Sin embargo, siguen siendo los despreciables históricos que se oponen a la Alianza Bolivariana para los Pueblos de Nuestra América - Tratado de Comercio de los Pueblos o ALBA porque es la antítesis del tratado llamado Área de Libre Comercio de las Américas o ALCA impulsado por el Gobierno de los EUA.

Los partidos que constituyen la Asamblea Legislativa son los descendientes políticos de la casta de encomenderos que engendró a los liberales y conservadores del tiempo de la independencia. Dichos partidos ahora funcionan como los agentes de los intereses de la burguesía y la pequeña burguesía en el manejo de la riqueza nacional. Las principales corrientes ideológicas se mixturaron a través de la lucha de clases con las ideas del nazismo, estalinismo, populismo y nacionalismo. Sus posiciones políticas oscilan entre la derecha, centro y centro "izquierda". Y su *modus operandi* es la confabulación, la mentira y el robo. Por ejemplo, la Alianza Republicana Nacionalista (ARENA) es un partido de derecha cuyo fundador fue un psicópata que se llamó Roberto d'Aubuisson Arrieta. Este soldado de la burguesía salvadoreña y del Imperio Yanqui fue un secuestrador, torturador y asesino de Óscar Arnulfo Romero y Galdámez, Arzobispo de San Salvador. Los crímenes que ARENA ha cometido continúan impunes.

El proletariado como la clase explotada por la burguesía no puede ser representado por estos partidos que son producto de la corrupción de la burguesía y el clero. Los proletarios solo pueden participar en su propio gobierno para liberarse y liberar al resto de la sociedad del dominio brutal de la burguesía y el clero.

Alfredo Félix Cristiani Burkard —primer presidente arenero— es miembro prominente de las familias cafetaleras cuyos antecesores ordenaron la masacre de los campesinos que se rebelaron en contra de su desposesión en 1932. Este oligarca gobernó encima de las matanzas de, aproximadamente, 75,000 personas que el ejército y los escuadrones de la muerte realizaron durante la guerra que la burguesía salvadoreña, con la ayuda del Imperio Yanqui y la Santa Sede, hicieron en contra del FMLN y la nación ante la vista indiferente de la ONU.

Cristiani Burkard y 14 miembros del ejército que mandaba fueron demandados en una corte española, en 2008, por dos organizaciones de derechos humanos —"The Center for Justice and Accountability" y "The Spanish Association for Human Rights"— por su responsabilidad directa en la masacre de 6 jesuitas, su ama de llaves y su hija en 1989. Sin embargo, la corte no tuvo suficiente evidencia para condenar a Cristiani por apoyar esos crímenes. Además, la ley General de Amnistía decretada por su gobierno, en marzo de 1993, dejó libre de toda responsabilidad a los asesinos y él mismo.

Otro ejemplo de la corrupción de la burguesía es Francisco Guillermo Flores Pérez, ex-presidente arenero, quien estuvo en la lista de la Organización Internacional de Policía Criminal (INTERPOL) por haber sido acusado por el gobierno del FMLN —representado por Carlos Mauricio

Funes Cartagena— de apropiación ilícita de $10 millones de dólares que el gobierno de Taiwán donó a El Salvador durante su presidencia en 2003. Flores Pérez es un muchachito imbécil —títere y lacayo de George Walker Bush— que se destacó porque prestó tropas salvadoreñas al Imperio Yanqui para que invadiera Irak. Por su carácter rastrero, Bush apoyó su candidatura para el cargo de Secretario General de la Organización de Estados Americanos (OEA), pero Flores Pérez declinó por falta de apoyo suficiente.

En la X Cumbre Iberoamericana de Jefes de Estado y Presidentes de Gobierno —celebrada en Panamá en noviembre del 2000— Flores Pérez criticó a Fidel Alejandro Castro Ruz por la denuncia que este hizo de que el gobierno de ARENA había amparado en territorio salvadoreño a Luis Clemente Faustino Posada Carriles. Por su encubridora actuación en dicha cumbre, Flores Pérez recibió un pergamino de parte de José Luis Pujol, Presidente de la Acción Cívica Cubana, "por su actuación a favor de la libertad de Cuba" en Miami, Florida, EUA, en 2002.

El gobierno republicano de George Walker Bush, en 2006, concedió que Posada Carriles participó en el bombardeo del vuelo 455 de Cubana de Aviación del que resultaron muertas 73 personas. Posada Carriles es un terrorista cubano, ex-agente de la Agencia Central de Inteligencia (CIA), que también ha intentado asesinar a Castro Ruz. El terrorista fue declarado inocente, en 2011, de violaciones a la ley de inmigración por una corte federal en el Paso, Texas, durante el gobierno demócrata de Barack Hussein Obama II. De esta manera, los líderes del Partido Republicano y Partido Demócrata, con la ayuda del sistema judicial, cerraron el círculo de defensa de uno de los soldados defensores de la burguesía y su imperio.

El Salvador continúa siendo un país robado a las naciones indígenas por el Imperio Español, el Imperio Católico, la burguesía descendiente de los encomenderos y los usureros imperialistas yanquis. Estas son las marabuntas que siguen explotando la mente y el cuerpo del proletariado para que produzca la riqueza necesaria para satisfacer su creciente e insaciable avaricia con la ayuda de los partidos burgueses, el FMLN y la ICC.

El proletariado continúa siendo la clase social esclava que la burguesía ha empobrecido y desangrado a través de sus generaciones. El Estado prohíbe a los proletarios la posesión y el disfrute de los bienes sociales que produce con su trabajo. Su desangre ahora es supervisado por esquiroles del FMLN —enmascarados con la teoría antirrevolucionaria de la Social Democracia— que ahora lo incitan a continuar aceptando la explotación de su trabajo por la burguesía en beneficio de la democracia burguesa.

II

Socialismo, democracia burguesa y "pueblo"

No podemos prescindir del pasado histórico porque es nuestra enseñanza y contiene los relatos de nuestro conocimiento particular y general de los pueblos del mundo y el universo. Parte de esta enseñanza es el concepto del socialismo como la etapa de la evolución social sin cuya realización inmediata el proletariado —la mayor parte de la humanidad— continuará pereciendo.

Socialismo

- El socialismo es un sistema de gobierno incompatible con el capitalismo y la religión que lo sustenta.

- El proletariado se ha desangrado en la lucha para realizar el socialismo, pero ha sido traicionado por líderes incompatibles con su tipo de sangre.

- Los enemigos del proletariado continúan luchando por distorsionar el concepto del socialismo, la naturaleza social del proletariado y su necesidad de hacer la revolución social. El objetivo de esta distorsión es la prolongación de la crisis del capitalismo —en beneficio de la burguesía y sus sirvientes— a costa del sacrificio del proletariado.

El proletariado mundial ha sido el motor de la epopeya de la lucha de clases y es luz y brillo de nuestra historia. La lucha para crear una sociedad sin la brutalidad del Estado que rige sobre su división en clases explotadora y explotada. Esta necesidad de la humanidad —la libertad, la igualdad, la fraternidad, el altruismo y el bienestar social— es considerada una quimera por los ideólogos burgueses. Estos reaccionarios que se alimentan de la carroña en el matadero de la burguesía inciensan la democracia burguesa como el mayor logro de la humanidad.

Los *mencheviques* y estalinistas boicotearon la realización del socialismo aliándose con la burguesía en el llamado "Frente Popular", presuntamente, para ayudarla a construir una democracia burguesa cuyo desarrollo sería la base del socialismo.

El socialismo no es un ideal místico, leyenda o fábula. Tampoco es un concepto utópico como "el socialismo del siglo XXI" del que hablaba el finado soldado pequeñoburgués, Hugo Rafael Chávez Frías. La teoría del socialismo fue escrita por Karl Heinrich Marx y Friedrich Engels en base a su entendimiento del materialismo histórico como el instrumento para explicar el desarrollo de la humanidad de acuerdo a su modo de producción bajo el estímulo de la lucha de las clases por poseer la riqueza que el proletariado produce y determina el disfrute de la vida. No existe ningún documento marxista que de validez a los dislates del chavismo; por lo tanto, son incoherencias producto de su alucinación.

El socialismo es un modo de pensar, producir bienes y distribuirlos entre todos los miembros de la sociedad para su disfrute. La base del socialismo es la libertad de la sociedad de la brutalidad que engendró la ley de la propiedad privada de los medios de producción y explotación de una clase por otra para obtener una ganancia para mantener su poder como clase separada del resto de la sociedad y contraria a sus necesidades sociales. Este sistema social tiene su razón en la crisis de la humanidad y la naturaleza que la burguesía, con la indulgencia de la Iglesia, ha creado con el capitalismo y la guerra que necesita hacer para mantenerlo.

Democracia burguesa

La experiencia de la historia contemporánea ha demostrado la desorganización social en la llamada "democracia" del sistema capitalista. El "gobierno del pueblo" es un engaño; la decisión del pueblo no prevalece. Asimismo, es patraña decir que los ciudadanos son personas libres e iguales. En la democracia burguesa, la justicia social es un fraude; cualquier otro derecho de justicia penal, laboral, civil, comercial, constitucional o internacional es un privilegio exclusivo de los ricos, los políticos, los militares y las iglesias. Todas las castas de la sociedad capitalista son sanguijuelas que obtienen el recurso económico y se lucran comprando voluntad y sentimiento. Igualmente gozan de lujo y derroche como un derecho consuetudinario otorgado por el robo de la plusvalía.

Para la clase trabajadora únicamente existe la injusticia social que es la paupérrima pobreza donde el robo, el crimen, la adicción a las drogas y la muerte por sida es el orden del día. Es un delito agraviado no poder disfrutar de libertad, dignidad, respeto propio y respeto al prójimo. El proletariado muy difícilmente puede tener el gusto de una vida longeva, saludable y productiva. Es rotundamente imposible vivir una existencia mínima, de acciones propias, con el cerebro subyugado por la explotación capitalista y la alienación mental de la creencia estúpida en Dios, Jesucristo, el cielo y el infierno.

La democracia burguesa no existe como producto de la nobleza de la burguesía o un milagro de Dios. En los países donde el proletariado puede "votar libremente", la Constitución está escrita con la sangre que la burguesía extrae diariamente de las venas del proletariado por la fuerza de la explotación o el asesinato, político o social, para mantener el capitalismo vivo. Independientemente de lo que pregonan los escritores capitalistas y los ganadores del Premio Nobel de la Paz prostituidos —que venden su talento al mejor postor a cambio del homenaje que reciben de los capitalistas y el clero a nivel mundial— la democracia burguesa es producto de la plusvalía que el proletariado produce. Aunque hubiera solo una persona en el mundo sin trabajo o solo una mujer y un niño viviendo en la calle no habría democracia. Pero son millones de millones los desposeídos del mundo.

La hipocresía se vuelve desfachatez cuando la burguesía, el gobierno, la Iglesia y la Organización de las Naciones Unidas (ONU), por medio de Dios y la caridad, pretenden terminar con el hambre, la miseria y las enfermedades de los desharrapados. Estos, por su condición de vida, son los degradados de la "democracia", "justicia social" y "sueño americano". El lumpemproletariado no quiere limosnas exige su legítimo derecho democrático de justicia social. La avaricia de los poderosos es el escollo. Por este auténtico raciocinio, el mundo capitalista es antidemocrático, racista y brutal. Mientras exista la "democracia capitalista", la indigencia no se podrá erradicar.

"Pueblo"

"Pueblo" es el concepto que la burguesía y el clero usan para referirse a los miembros de la sociedad y negar la división que ellos han hecho de la sociedad en la que parasitan en clases explotadora (burguesía) y explotada (proletariado). Así, los burgueses y curas tratan de mezclar sus intereses de clase con los del "pueblo" para crear la ilusión de que ellos y el proletariado son ciudadanos de un mismo país con intereses iguales garantizados por la Constitución del Estado. Esta es una mentira que es preciso denunciar separando la ilusión de la realidad: el "pueblo" no es el proletariado y, por tanto, la defensa que los burgueses y curas pretenden hacer de los intereses del "pueblo" no es una defensa de los intereses de clase esclava explotada del proletariado.

La defensa del "pueblo" es harina de otro costal porque en el "pueblo" convive chinche y talepate. Un ejemplo de esta realidad es Venezuela, en donde el gobierno de Nicolás Maduro Moros —quien ha pretendido hacer algunas reformas sociales en beneficio de los desposeídos— es vilipendiado por el "pueblo". Pero en este caso el "pueblo" es la pequeña burguesía dirigida por la recalcitrante extrema derecha usando a los estudiantes universitarios como carne de su cañón político. En la sociedad capitalista la pequeña burguesía se distingue por su carácter cobarde e hipócrita, y fluctuación entre la derecha y la izquierda. Este "pueblo" de ninguna manera representa al proletariado.

III

Enrique Álvarez Córdova: Un burgués reformista asesinado por su clase depredadora

Enrique Álvarez Córdova estaba cerca de cumplir 2 años de vida cuando los líderes de la burguesía —con la indulgencia de la Iglesia Católica Colonialista-ICC— ordenaron a su ejército, bajo el mando del General Maximiliano Hernández Martínez, ejecutar la masacre de enero de 1932. De esta manera sangrienta, los ladrones que se robaron el país en que Enrique nació marcaron su historia con la intención de hacer de la masacre un ejemplo necesario para la educación de las nuevas generaciones de burgueses sobre como tratar a sus enemigos de clase, es decir, a las personas, indígenas y proletarios, que la burguesía ha desposeído a través de sus generaciones. La miseria que la burguesía y el clero crearon —desde la encomienda— como la condición de vida adecuada al proletariado, los golpes de Estado y las masacres fue el contexto en que Enrique creció protegido por el poder, opulencia y mezquindad, de una de "Las 14 Familias" de los oligarcas ladrones de la tierra y el café.

Las propiedades que la burguesía le enseñó —fe en Dios, avaricia, desconfianza, insensibilidad, brutalidad y aversión— como los componentes de su relación con el proletariado no le motivaron para adoptarlas y conformarse con vivir como un oligarca normal que roba, miente, mata, se confiesa, oye misa, comulga y vive en paz con dios. Al contrario, estimularon el desarrollo del conflicto entre su conmoción ante el sufrimiento del proletariado causado por la explotación de la burguesía y su condición de burgués. Su experiencia con el campesinado desposeído —que creó la riqueza que su familia se apropió como su propiedad privada—, la influencia de la idea que "la pobreza es un pecado social" y su inconformidad con la relación brutal de la burguesía con el proletariado le llevó a desarrollar una visión de la solución al empobrecimiento del campesinado mediante una reforma agraria que podría efectuarse usando como su instrumento el poder del Estado. Enrique explicó su visión con esta tesis: "Los beneficios económicos de la empresa deben también alcanzarlos los trabajadores".

Para poner en práctica su visión, Enrique participó en 3 regímenes militares como Ministro de Agricultura. Sin embargo, la burguesía aplastó su intento de reformar el látigo y el fusil con los que estaba acostumbrada a mantener al indígena y proletario en su lugar. Como lo había hecho a través de toda su historia, la burguesía reaccionó con la ira que estimulaba a sus escuadrones de la muerte a descuartizar a sus enemigos de clase. Así, reafirmó su dominio sobre la tierra del país que se robó y con cuya riqueza tiene una relación más sagrada que la vida de un indígena desposeído por ella: la inviolabilidad de lo que defiende como su propiedad privada. Destruyendo su ideal de reformador de la ley de la propiedad privada de los medios de producción la burguesía dio una lección a Enrique con mortal premonición: "la tierra es nuestra propiedad absoluta y el Estado nuestro guachimán incondicional. Por consiguiente, sométete a nuestro modo de dominio o te trataremos como nuestro enemigo de clase".

La respuesta de Enrique fue renunciar a su cartera y modificar su relación con el proletariado organizando una cooperativa con los trabajadores de El Jobo —una hacienda construida sobre tierra robada registrada a su nombre— para demostrar que su tesis era realizable. Gracias al esfuerzo honesto —de Enrique y los trabajadores— la cooperativa tuvo éxito humano. Sin embargo, este modelo de relación entre burgueses y proletarios no inspiró a la burguesía a modificar su conciencia de clase que es determinada por su control absoluto sobre los medios de producción, la riqueza que el proletariado produce con su trabajo y el valor del uso del trabajo. Por tanto, impulsada por su instinto de preservación, la burguesía continuó cumpliendo con su razón existencial explotando y masacrando al proletariado.

Las caras sangrientas y alteradas de las personas masacradas —incluyendo la de su amigo Óscar Arnulfo Romero y Galdámez— impactaron la conciencia de Enrique y le impulsaron a unirse al movimiento de oposición al gobierno de su clase —tornada en su enemigo mortal— por medio del Frente Democrático Revolucionario (FDR). Como presidente del FDR, se dedicó a abogar por la negociación de la "paz" que era el objetivo político de su aliado, el Frente Farabundo Martí para la Liberación Nacional (FMLN).

¿Quería Enrique realizar cambios radicales en la sociedad dominada por su clase? ¿Defendía sus intereses de clase o los del proletariado? ¿Fue revolucionario o reformista? Enrique fue un defensor y promotor de una reforma agraria, que ha sido parte de la aguda lucha entre las naciones indígenas y la burguesía criolla que las despojó de su tierra, casa y alimento. El modelo fraternal de explotación del proletariado que representa "El Jobo" es una forma de socialismo burgués inspirado únicamente por la compasión ante el efecto deshumanizante del capitalismo sobre el proletariado. En el sistema capitalista, dicho modelo es como una curita puesta sobre un sistema de células cancerosas que sólo extirpándolas —por medio de la revolución socialista— es posible salvar el cuerpo de la sociedad. Él no propuso esta revolución porque no revolucionó su pensamiento de clase reconociendo la ley de la propiedad privada de los medios de producción como la causa de la crisis de la humanidad y, consecuentemente, cortando el cordón umbilical ideológico que le unía a la burguesía y su lucha contra el proletariado.

A pesar de que su tesis sobre la solución a la miseria no era revolucionaria, Enrique fue un revolucionario en la medida en que luchó para civilizar a su clase —una burguesía vieja, católica, iracunda y reaccionaria— con sus ideas acerca de cómo crear una democracia revolucionaria con el proletariado como socio de la empresa y del Estado. Consecuente con su visión social, rompió con el modelo tradicional de explotación de su clase y se enfrentó a ella para persuadirla de los beneficios de la reforma agraria y la distribución de la riqueza entre los trabajadores en una forma justa. Uno de los beneficios que la reforma del sistema de explotación del proletariado produce para la burguesía es que el proletariado tiende a perder su propia conciencia de clase y razón para luchar contra ella para eliminar su sistema de esclavitud asalariada. A diferencia de Enrique, el FMLN no se atrevió a plantear una sola reforma para beneficio del proletariado; al contrario, traicionó la confianza de los proletarios que respondieron a su llamado de "¡Revolución o muerte!" y dieron su contribución de sangre en la lucha por sus reivindicaciones de clase contra el ejército de la burguesía.

Enrique fue producto de la historia sangrienta de su clase cuyo origen está en la guerra de pillaje del Imperio Español autorizada por Roderic de Borja —Capo de la ICC llamado Papa Alejandro VI— en contra de las naciones indígenas de América para desposeerlas, deshumanizarlas y esclavizarlas. Desde entonces, la burguesía ha vivido en un estado de guerra contra sus enemigos de clase para defender su botín: los medios de producción de la nación. Como ladrona, la burguesía es estimulada por la avaricia y desconfianza en cualquier sistema de explotación basado en el reconocimiento —democrático o cristiano— de que el proletariado tiene derechos humanos sobre los medios de producción y la riqueza que produce con su trabajo. Por consiguiente, el esfuerzo de Enrique por socializar la división de la riqueza que el proletariado produce fue interpretado por la burguesía como un acto de oposición dentro de las filas de su clase con el modelo tradicional de explotación.

Enrique fue un burgués reformista que trató de resolver la lucha de clases a través de la conversión de la empresa en un instrumento social del cual el proletariado podía ser socio para progresar y así olvidar su conciencia de clase y que la burguesía es su enemigo de clase mortal. Por esta razón, la burguesía ordenó su asesinato. "El libro del Profesor Lamperti concluye con una descripción patética de la tortura y asesinato de los miembros del FDR y del triste sepelio de Enrique Álvarez dentro de la Catedral Metropolitana durante el cual sus amigos pudieron observar que, además de ser torturado en todo su cuerpo, tenía un brazo cercenado. A Enrique le perdonaron su agradable rostro con excepción de que le sacaron los ojos antes de pegarle 12 balazos".[1]

---

[1]"Enrique Álvarez Córdova, Vida de un Salvadoreño Revolucionario y Caballero" - Autor: John W. Lamperti - Traductor: Eduardo Castillo Urrutia - DiarioCoLatino.com - jueves, 22 de Noviembre de 2007

IV

Óscar Arnulfo Romero y Galdámez: Mártir despreciado por la burguesía y la Iglesia Católica Colonialista

Los administradores del Estado burgués de El Salvador —que son los beneficiarios de la guerra en la que Óscar Arnulfo Romero y Galdámez fue asesinado— hoy usufructúan de su reputación nombrando hasta aeropuertos con su nombre como si esto fuera una honra y no una blasfemia en contra de la memoria de su persona.

Por su parte, la Iglesia Católica Colonialista (ICC) —que le dejó solo pregonando su credo entre las matanzas de los soldados católicos de la burguesía— hoy se enriquece vendiendo su imagen de mártir junto con los comerciantes de la fe. Sin embargo, el Colegio Cardenalicio no le ha concedido el reconocimiento siquiera de beato porque todavía le acusan de haber "politizado" su sermón cristiano con las ideas de la llamada "Teología de la Liberación". Ésta es una doctrina cuyo objetivo es cristianizar el sistema capitalista de explotación y guerra que la ICC y la burguesía han mantenido por décadas reprimiendo el hambre de las personas que han empobrecido —a través de sus generaciones— con bienaventuranzas y balas.

A pesar de que el arzobispo de San Salvador no abogó como Moisés por la liberación de los esclavos, fue asesinado —el 24 de marzo de 1980— por un esbirro de la burguesía ante la vista insensible del Colegio Cardenalicio presidido por Karol Józef Wojtyla, el llamado Juan Pablo II, y de la

Embajada Americana. Karol fue un líder antirrevolucionario y opositor acérrimo de la denuncia que su hermano en Cristo, Óscar, hizo del terrorismo de Estado instigado por la burguesía en El Salvador con la venia del Imperio Yanqui presidido por James Earl "Jimmy" Carter, miembro del Partido Demócrata. La Santa Sede no excomulgó a la burguesía —su gobierno y ejército— por este asesinato y sus crímenes en contra de la humanidad y el cristianismo.

Óscar fue miembro de la Compañía de Jesús y descendiente del grupo original de curas doctrineros que formaron parte del ejército del Imperio Español e Imperio Católico encargado con la tarea de hacer la guerra contra las naciones indígenas de América para convertirlas en esclavos cristianos pagadores de tributo a sus explotadores. Los administradores de su Iglesia colaboraron con la monarquía española para establecer el sistema de explotación que los curas doctrineros continúan usando para colectar el tributo que sostiene la vida opulenta y estéril de los hombres que ostentan el poder oscurantista de la Santa Sede.

El cura se sacrificó inútilmente tratando de cristianizar a la burguesía y sus esbirros para que terminaran la matanza de las personas que la burguesía designaba como sus enemigos de clase. Sin embargo, no denunció que la ICC engendró a la burguesía en el confesionario como un predador de su misma especie con las indulgencias que concedió a sus antecesores —los encomenderos del Imperio Español— para que desposeyeran, deshumanizaran y esclavizaran a las naciones indígenas cuyos descendientes continúan explotando. Tampoco denunció que la violencia es producto de la ignorancia, la avaricia y el odio que anima la existencia de la burguesía y la casta parasitaria compuesta por el Papa y el Colegio Cardenalicio. Y que la alianza entre la ICC, la burguesía y el Imperio Yanqui era el sostén de la guerra que hicieron en contra del proletariado para defender el robo del país y la fe católica. Esta alianza es la cadena que continúa manteniendo al proletariado esclavizado bajo la amenaza del terrorismo de Estado y el "castigo eterno".

En su homilía, el hombre de Dios no confirmó las verdades siguientes:

- Las desapariciones y masacres eran parte de la guerra de clase de la burguesía en contra del proletariado para aterrorizarlo, desangrarlo, debilitarlo y continuar explotándolo.

- El Estado que lideraba a los escuadrones de la muerte era el mismo instrumento que la burguesía usaba para robarse la riqueza que el proletariado producía y forzarlo a vivir en la miseria.

- El proletariado necesitaba hacer la revolución para desarmar a la burguesía, la ICC y el Imperio Yanqui y terminar su avaricia como la causa del hambre, la guerra y las masacres.

Por consiguiente, optó por mantener su discurso alineado con la política antirrevolucionaria de la Santa Sede y trató a la fiera guerra de clase de la burguesía como un caso de falta de "amor al prójimo. Sin embargo, sus amonestaciones cristianas a la burguesía y sus esbirros no contuvieron el impulso de sus asesinos; no cambiaron la explotación que la burguesía continúa ejerciendo sobre el proletariado; y sirvieron para mantener al proletariado en la ignorancia acerca de la naturaleza real de la guerra y la revolución social como su única solución.

Así murió Óscar, defendiendo un "cristianismo social" que no exigía siquiera la redistribución de la riqueza que la burguesía y la ICC han robado a la nación. Este cristianismo nunca ha sido practicado por la burguesía o el Colegio Cardenalicio. Al contrario, la Congregación para la Doctrina de la Fe —que actúa como la fuerza de choque de la ICC— continúa persiguiendo a los curas que predican dicho evangelio. Él ordenó a la burguesía, en el nombre de Dios, que parara la matanza de sus esbirros. Pero la burguesía católica, el Colegio Cardenalicio y Dios no le hicieron caso. Ahora, los herederos del Estado que le asesinó usan su ejemplo como una advertencia al proletariado: el martirio es permitido, la revolución social no.

El jesuita fue asesinado por sus hermanos en Cristo. Como él, innumerables personas fueron masacradas por la burguesía durante su guerra. Entonces, ¿por qué la burguesía y su Iglesia no renombran a El Salvador con los nombres de todas sus víctimas desde la guerra de conquista hasta el presente?

V

Poesía

Homenaje a Roque Dalton García

El paisaje salvadoreño

Dicen los poetas que lo más bello qua hay en la naturaleza es el paisaje. Se inspiran en los volcanes, ríos, lagos y montañas. Es muy maravilloso declamarle a la montaña, también a la noche. No hay duda que el paisaje de nuestra patria tiene mucha inspiración. Pero a la par de cada paisaje salvadoreño está la negación de nuestra patria, está la humilde champa del proletario compuesta por pedazos de lámina y de cartón, construida en la pendiente de un barranco, a corta distancia de la majestuosa casa del rico donde todo es alegría y abundancia. A ellos sí les sonríe el paisaje. Para ellos la mañana es de plata y de oro.

¿Será maravilloso el amanecer del proletariado cuando en la mañana encuentren que no hay leche para sus hijos ni esperanza de trabajo? ¿Será maravilloso el paisaje salvadoreño para esta familia? Mientras la explotación del hombre exista, el paisaje salvadoreño será oscuro e incierto. Sólo con la justicia social el paisaje salvadoreño será pródigo y luminoso.

El día de la liberación de los pueblos está próximo y nuestra patria no es una excepción. Ese día diremos ¡qué hermoso es el paisaje salvadoreño! El sol y la luna estarán en su mayor esplendor y todo cuanto nos rodea será una poesía, será una inspiración. Habrá amor y comprensión y una nueva sociedad nos enseñará los valores verdaderos de la naturaleza.

Una eternidad

I

rosas frescas para una bella Rosa,
rosas que se marchitarán,
pero mi amor y cariño
nunca se marchitarán.

II

No creo en el más allá,
pero si así fuere,
mi amor y cariño
vivirán más allá,
joven y vigoroso,
fuera del tiempo y del espacio.

III

rosas para la eternidad,
no importa que para nosotros
sea un abrir y cerrar de ojos,
rosas frescas para una bella Rosa,
rosas rojas que palidecerán
frente a una bella Rosa,
Rosa, la reina de las flores,
en la perpetuidad del amor.

Odio y amor

Imposible no pensar. Al pensar, mi ser se convierte en torbellino, viento impetuoso de malas pasiones. Mi ser dando vueltas me dicta que te odie. El odio me martiriza. Cúmulo de sentimientos malignos me entristecen, degradan mi ser. Te desprecio. Te concibo como ser perverso. No puedo contener el arrollador sentimiento de repugnancia que siento por ti.

De repente, mi mente es infiel. Te veo como ayer, bella, serena y altiva, con tu armónico caminar que inspira al placer. Criatura espiritual extraviada en este mundo hipócrita y salvaje. Mujer hermosa, emoción que experimenta mi ser cuando pasas frente a mí. Tu voz, melodía musical, cadencia de sonidos que inspiran un canto poético.

Diosa del firmamento, ojos negros encantadores, luceros que alumbraron mi ser. Labios de amapola que no pudieron ser. La sencillez de tu sonrisa de niña, sostén de mi apasionado amor que fue mi sufrimiento. Majestuosa mujer, al evocar tu nombre, la borrascosa tormenta de mi alma se calma. Súbitamente la tempestad violenta de odio regresa, no encuentro sosiego. Amor mío, te digo adiós con odio y amor.

Estado en el cual se ha encontrado mi alma, en el vaivén de su azarosa vida de proletario.

A mi hija, Jennifer Alejandra

Hija, cuando te acercas a mi, una sensación de nostalgia y alegría fluye en mi ser. Recuerdo aquella lejana mañana cuando me preguntaste, ¿papá, cuando voy a crecer? Creciste, eres inteligente y bonita, no puedo pedir más a la vida. Creo que eres la realización completa de mi proyecto. Puedo gritar, he vivido, he amado y morir tranquilo, sin amargura, sin desconsuelo, sin desolación, sin melancolía, sin pesadumbre, sin tormento del cielo o el infierno, sin Dios porque es un falso razonamiento.

Hija, te deseo lo mejor de la vida. Recuerda: los fuertes nunca lloran ante la muerte. Sólo los débiles lloran. Asimila la muerte como la realidad del proceso de la vida que es el camino que no se puede desviar. Esa realidad te dará el conocimiento para ser fuerte. Cuídate de los sofismas, de los hipócritas que surgen por doquier. Ante ellos, inflexible. El pecado no existe.

Mi Jennifer Alejandra, mi querida y adorada, eres la fuerza de mi auto energía que algún día terminará. Es el ocaso que siempre llega y después viene la aurora con bellos paisajes. Tú eres mi todo. Mientras el devenir llega, te seguiré amando con devoción y fervor hacia el infinito.

Acerca del autor

Armando A. Molina nació en Nueva San Salvador (Santa Tecla), en el barrio El Centro, en una pocilga de mesón, el 5 de octubre de 1943.

El autor completó sus estudios de Educación Primaria en la Escuela República Oriental del Uruguay en San Salvador. Su cultura es la de la clase de los esclavos asalariados que la burguesía y el clero crearon para vivir como clases de parásitos sociales cuyo estímulo es la avaricia. Es un autodidacta, ateo profano e irreconciliable con los traidores del proletariado.

Trabajó en las Industrias Lácteas ALFA en donde fue Secretario de Educación Sindical con afiliación a la Confederación General de Sindicatos (CGS) en San Salvador. Y en abril de 1967 formó parte de los piquetes de trabajadores en la gloriosa jornada de la huelga general progresiva en apoyo a los trabajadores del acero.

www.ingramcontent.com/pod-product-compliance
Lightning Source LLC
Chambersburg PA
CBHW070116290526
45789CB00005B/2035